책상을
떠난
철학

책상을 떠난 철학

ⓒ 이현영·장기혁·신아연 2015

초판 1쇄   2015년 6월 22일
초판 7쇄   2019년 8월 28일

지은이   이현영·장기혁·신아연

출판책임	박성규	펴낸이	이정원
편집	박세중·이동하·이수연	펴낸곳	도서출판 들녘
디자인	조미경·김정호	등록일자	1987년 12월 12일
마케팅	김신	등록번호	10-156
경영지원	김은주·장경선	주소	경기도 파주시 회동길 198
제작관리	구법모	전화	031-955-7374 (대표)
물류관리	엄철용		031-955-7381 (편집)
		팩스	031-955-7393
		이메일	dulnyouk@dulnyouk.co.kr
		홈페이지	www.dulnyouk.co.kr

ISBN	978-89-7527-702-3(03300)	CIP	2015015194

이 도서의 국립중앙도서관 출판예정도서목록(CIP)은 서지정보유통지원시스템 홈페이지(http://seoji.nl.go.kr)와
국가자료공동목록시스템(http://www.nl.go.kr/kolisnet)에서 이용하실 수 있습니다.

책상을
떠난
철학

이현영 · 장기혁 · 신아연 지음

푸른들녘

철학하기, 무겁지만 가볍게

하나. 요즘 청소년들은 성적, 진로, 외모, 인간관계 외에 무슨 고민을 하며 살아갈까요?

- 그 아이를 보면 가슴이 설레지만 그 감정을 인정하기 힘든 까닭은 무엇일까?
- 어른들은 자신의 정체성을 찾아야 한다고 얘기한다. 그런데 나답게 산다는 건 뭘까?
- 내가 놀림을 당할 때는 그 행동이 나쁘다는 걸 확신한다. 하지만 나랑 친한 친구들이 누군가를 놀리는 상황에서는……? 도대체 선과 악을 가르는 기준은 무엇일까?
- 산다는 게 뭘까? 영원히 죽지 않고 산다면 행복할까?
- 아버지가 실직을 하셨고 어머니는 편찮으시다. 대학에 진학하게 되면 내가 학비를 벌어야 한다. 이런 상황에서 난 행복해질 수 있을까?

하지만 이런 고민들에 대해 얘기를 나눌 시·공간은 별로 없습니다. 더욱이 청소년을 위한 철학책이 나오긴 했지만 그것들은 대체로 역사적으로 큰 발자취를 남긴 철학 사상을 알기 쉽게 해설하는 데 머물렀던 것 같습니다.

이에 우리는 지금 여기를 살아가는 청소년들의 의문과 고민에서 출발하여 그들 스스로 자기만의 답을 찾아갈 수 있도록 '생각의 물꼬'를 터주는 책을 쓰기로 마음먹었습니다. 지금까지의 책들이 철학자의 사상을 소개하고 해설하는 데 치중했다면, 우리는 청소년들이 일상에서 겪는 삶의 문제를 해석하고, 나아가 자신의 삶을 아름답게 가꾸는 데 보탬이 되는 책을 펴내고자 한 것입니다. 아울러 부모님이나 선생님에게도 아이들이 도대체 무슨 생각을 하고, 그들이 어디서 용기를 얻고 어디서 좌절하는지 이해하는 데, 나아가 그들과 진솔한 대화를 나누는 데 도움이 되길 바랐습니다.

둘. 아마도 지난 수년간 이우중·고등학교에서 청소년들과 철학 수업을 한 경험이 이 책을 집필하는 데 큰 도움이 된 듯합니다. 수업을 통해 청소년들이 품고 있는 의문과 고민을 자세히 들여다볼 수 있었고, 이들이 '철학함'을 실천하기에 좋은 자질을 갖고 있음을 깨달았습니다.

6

많은 10대들은 자신이 직·간접적으로 겪는 일에 대해 '왜'라는 질문을 던지는 데 주저함이 없고, 여러 사상가들의 견해를 배우는 걸 감내(?) 했으며, 친구들 및 교사와 서로의 생각을 나누는 걸 즐거워했습니다. 그래서 고등학교 3학년쯤 되면 세상사에 대해 나름의 주관을 갖고 자신의 삶을 돌아보는 힘을 갖는 것 같습니다. 특히 이번 집필의 과정에 영감을 주었던 학생들과 〈나도 한마디〉에 글을 실은 학생들에게 깊은 감사의 마음을 전합니다!

셋. 이 책은 모두 7장으로 구성돼 있습니다. 「일과 놀이」, 「행복과 불행」은 장기혁 선생님이, 「삶과 죽음」, 「남과 여」는 신아연 선생님이, 그리고 「사랑과 실존」, 「선과 악」, 「가상과 현실」은 이현영 선생님이 각각 집필했습니다. 그런데 구상부터 원고 검토까지 함께했기에 딱 누구만의 글이라고 단언하기는 어렵습니다. 그럼에도 각 선생님의 체취가 나름대로 묻어 있다고 봐야겠지요.

각 장은 청소년들의 의문과 고민에 맞닿아 있는 영화나 동화, 소설을 텍스트로 활용했습니다. 그런 만큼—이 책을 능동적으로 활용하려면— 관련 텍스트를 함께 보아주시길 추천합니다. 그리고 이 책을 혼자 읽기보다는 친구들과, 혹은 주변의 어른과 함께 읽고 토의해보길 적극 권합니다. 장별로 나눠 읽고, 의문점이나 토의해보고 싶은 거리들을 찾아 함께 얘기해본다면 철학 수업을 하는 것과 비슷한 효과를 거둘 수 있을 것입니다. 나아가 각 장의 말미에 나온 〈지금 내 생각은?〉처럼 여러분도 자신만의 생각을 정리해보세요! 풍부한 감수성과 사유하는 힘이 청소년 여러분의 삶을 풍요롭게 해줄 것입니다.

원래 이 책은 아홉 개의 주제를 다루는 것으로 계획되었습니다. 그런데 분량이 너무 많아 편집 과정에서 주제 두 개를 덜어냈습니다. 그리고 아직 못 다 쓴 주제들도 많습니다. 빠른 시일 안에 두 번째 책을 들고 여러분을 찾아뵙겠습니다!

2015. 초여름
이우학교에서

차례

일러두기

- 본문을 이해하는 데 도움을 주는 단순 정보는 각주(脚註)로 처리했습니다.
- 진한 갈색으로 표시한 사상가(학자)와 개념어에 대한 자세한 설명은 책 말미에 실었습니다. 궁금하신 분은 '철학쌤의 서랍'을 참조하세요.
- '철학쌤의 서랍'에 실린 사상가(학자)와 개념어 소개는 표준국어대사전, 위키백과, 눈높이백과, 인명DB 등을 참고하여 편집자가 정리했습니다. 위키백과의 경우 한글판을 기본으로 삼되 영어판과 독일어판도 참고했음을 밝힙니다.
- 본문에 사용한 이미지 출처는 별도로 정리했습니다.

알
수
없어요!

사랑과 실존

제가 왜 이럴까요?

제가 왜 이러는지 정말 모르겠어요. 사실 아무리 매력을 찾으려고 해도 찾을 수 없는 애라고요. 제 취향은 절대 그런 애 아니거든요. 저는 밝고 활달한? 공부를 잘하든, 운동을 잘하든…… 뭔가 자기만의 장점이 확실한 사람? 그런 사람이 좋아요. 믿고 의지할 수 있는 느낌이 드는 그런 사람이요.

그런데 요즘 제 눈에 계속 들어오는 그 애는…… 좀 아니에요. 같은 반 앤데, 반에서 보면 친구들이랑 얘기도 잘 안 하고, 만화책이나 보고, 스마트폰으로 노래나 듣고 있어요. 딱히 운동도 안 하는 것 같고 수업이 끝나면 거의 대부분 집에 가버려요. 공부는 수학만 좀 잘하는 것 같아요. 생긴 것도 진짜 평범하고요. 객관적으로 남들 눈에 들어올 애는 아닌 거죠. 그런데 계속 걔가 제 눈에 들어와요. 거슬린다고 해야 되나 불편하다고 해야 되나 잘 모르겠는데, 뭔가 그런 애가 제 눈에 들어온다는 게 마음에 들진 않아요.

같은 모둠이라서 숙제 때문에 얘기할 때가 종종 있는데, 어쩌면 걔가 절 좋아할지도 모른다는 생각이 들었어요. 딱히 특별한 이야기를 나눈 건 아닌데……. 하여튼 그런 느낌이 들었어요. 여자의 촉? 뭐 그런 거겠죠. 그때도 기분이 좋진 않았어요. 왜 저런 애가 날 좋아하나, 이런 생각? 그런데 어느 순간 계속 그 애가 신경 쓰이는 거예요.

얼마 전 친구들한테 그 아이에 대해서 넌지시 떠본 적이 있는데, 뭐 그런 애에게 관심을 가지냐…… 이런 뉘앙스였어요. 그런 이야기를 들으니까 제가 왜 그런지 더더욱 모르겠어요.

* * *

송이는 위의 메일을 철학쌤께 보냈다. 왠지 쌤과는 이야기가 통할 것 같았다. 그랬더니 철학쌤은 「건축학개론」이라는 영화를 보고 와서 만나자고 하셨다. 며칠 후 송이는 쌤을 찾아갔다.

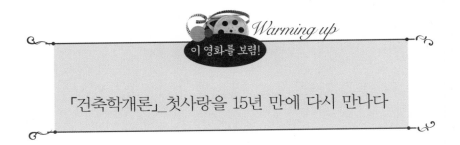

「건축학개론」_첫사랑을 15년 만에 다시 만나다

건축을 매개로 한 사랑 이야기가 잔잔하게 펼쳐지는 가운데 첫사랑 신드롬을 불러일으킨 영화. 오랫동안 사람이 살지 않은 것처럼 보이는 집에 서연이 찾아와 둘러보는 것으로 영화가 시작된다. 곧 화면이 바뀌고 건축회사에서 일하고 있는 승민의 모습이 비춰진다. 영화의 초반부터 등장하는 낡은 집과 건축가, 건축회사 등등. 이 영화로 인해 대학교 건축학과 지원율이 높아졌다고 하는데……

영화는 15년 전, 스무 살의 서연과 승민의 이야기로 돌아간다. 건축학과 학생인 승민은 건축학개론 수업에서 음대생 서연을 보고 첫눈에 반한다. 교수님이 내주신 숙제를 같이하기 위해 정릉 주변을 둘러보고, 버스를 타고 강남에 가보기도 하면서 두 사람은 친해지기 시작한다.

개포동에 있는 건물 옥상에 올라가 둘이 이어폰을 하나씩 나눠 꽂고 전람회의 '기억의 습작'을 듣는 장면에서 많은 관객들은 가슴을 촉촉이 적셨을 것이다. 이어폰 한쪽을 꽂고 같은 노래를 듣고 있는 서연을 바라보는 승민. 그의 눈빛에서 풋풋한 사랑이 배어나오는 듯했다. 하지만 승민의 사랑은 불발로 끝나고 만다. 얼핏 봤을 땐 숫기 없고 표현에 서툰 승민이 서연에게 자신의 마음을 쉽사리 고백하지 못해서, 그리고 작은 오해로 인해서 둘이 헤어지게 된 것 같다(과연 그럴까!).

시간이 흘러…… 15년이 지난 뒤 승민 앞에 불쑥 나타난 서연. 그녀는 승민에게 자신의 집을 설계해달라고 부탁한다. 이렇게 하여 두 사람은 건축가와 건축주로서 재회하게 된다. 함께하는 시간이 많아지면서 스무 살 때의 아련한 기억이 종종 승민을 찾아온다. 하지만 승민에게는 약혼녀가 있고, 서연은 이혼한 상태다. 단지 오랜만에 만난 대학교 동창인 듯, 또 그게 전부는 아닌 듯한 복잡 미묘한 감정의 흐름 속에서 서연의 집은 차츰 완성되어간다. 그들은 다시 사랑할 수 있을까?

첫사랑 신드롬을 불러일으킨 건축학개론(좌)
15년 전 처음 만난 우리(우 상)
사랑, 그리고 기억의 습작(우 하)

자기 감정을 인정하지 못하는 이유는 무엇일까?

이 영화의 진정한 주인공은 누구일까?

철학쌤   영화 재미있었니?

송이   예, 첫사랑을 15년 만에 다시 만난다는 설정 자체가 신선했어요. 그리고 과거의 기억과 현재가 교차되면서 새로운 감정의 올을 짜가는 것도 흥미로웠고요.

철학쌤   추천하길 잘했네. 그럼, 얘기를 바꿔볼까? 승민과 서연, 둘 다 이 영화의 주인공이잖아. 그런데 감독 입장에서 더 중요하게 여긴 인물이 누구일 거 같아?

송이   전 승민이 같아요. 영화의 스토리가 대부분 승민의 회상으로 채워지잖아요.

철학쌤   그렇게 볼 수도 있겠지. 그런데 나는 다르게 해석할 수도 있겠다 싶었어. 감독이 영화를 만들 때 가장 고심하는 장면이 있어. 그게 어떤 장면일까?

송이   라스트 씬[1] 아니에요? 라스트 씬에 감독의 의도가 많이 담겨

---

1   엄밀히 말하면 씬(scene)이 아니라 시퀀스(sequence)다. 시퀀스란 영화에서 연속성 있는 하나의 주제·정경으로 연결되는 장면들을 말한다.

있을 것 같은데…….

철학쌤 라스트 씬도 매우 중요하지. 그런데 라스트 씬보다 더 심혈을 기울이는 게 영화의 오프닝 씬이라고 해. 보통 감독들은 영화의 제목, 오프닝 씬과 라스트 씬을 통해 테마(theme), 그러니까 영화를 통해 전하고자 하는 핵심 메시지를 담는다고 해. 단순 오락 영화가 아니라 나름대로 주제 의식이 강한 영화일수록 이런 부분에 유의할 필요가 있지. 이 영화의 오프닝 씬과 라스트 씬이 뭐였는지 기억나니?

송이 그럼요. 이 영화는 서연이 제주도에 있는 자신의 집을 천천히 둘러보는 것으로 시작해요. 연장들이 어지럽게 널려 있고 사람이 살지 않는 낡은 집이었죠. 이어서 서연이 승민을 찾아와 건축을 의뢰하는 장면이 나오고요. 그리고 마지막은 리모델링된 깔끔한 집에서 서연이 툭 트인 바다를 바라보는 장면이죠. 그때 전람회의 '기억의 습작'이란 노래가 울려 퍼지잖아요.

철학쌤 그래, 정확히 기억하고 있구나. 나는 이 영화의 오프닝 씬과 라스트 씬에 서연이 나온다는 데 주목했어. 그리고 같은 장소가 나온다는 것도. 수미상관법(首尾相關法)[2]을 썼다는 생각이 들더구나. 그런데 서연의 집도 달라졌고, 서연의 표정도 변했지. 처음엔 어둡고 심란해 보였는데 마지막엔 한결 여유롭고 안정

---

2 시가(詩歌)에서 첫 연을 끝 연에 다시 반복하는 문학적 구성법. 문학적 구성법의 하나로, 주로 시가(詩歌)에서 많이 쓴다. 첫 연을 끝 연에 반복해서 쓰거나, 비슷한 내용의 구절이나 문장을 반복적으로 배치하기도 한다. 운율을 중시하고, 의미를 강조할 때 쓰는 주요 표현 수법의 하나이다. 소설·수필·영화 등 다양한 장르에서도 활용된다.

된 표정이었어. 게다가 매운탕처럼 정체성이 모호했던 서연이 집이 다 지어질 무렵엔 자신의 본래 모습을 찾아가잖아.

송이 선생님은 서연의 변화에 초점을 맞추어 서연이가 이 영화의 진정한 주인공이라고 보시는 것 같네요.

승민과 서연의 사랑이 불발로 끝난 까닭은?

철학쌤 그래. 이 영화를 얼핏 보면 승민과 서연의 사랑이 승민의 서툰 표현과 오해 때문에 불발로 끝난 것처럼 보여. 그런데 난 둘이 연인 사이로 발전하지 못한 데에는 승민의 소심한 성격보다는 서연에게 책임이 더 큰 것처럼 보이더라고. 넌 어떻게 생각하니?

송이 승민이 서연에게 더 적극적으로 다가가지 못한 데에는 서연의 알쏭달쏭한 태도가 한몫했다고 봐요. 서연이가 먼저 승민을 '당겨'놓고는 막상 승민이 다가가려 하면 '밀어'버리는 장면이 많이 나오잖아요. 돈 많고 잘 생겼다는 이유로 재욱 선배를 좋아한다고 말하고, 둘 사이가 어느 정도 진전되었다고 느꼈을 무렵엔 재욱의 차 안에서 승민이 입은 GUESS 짝퉁 티셔츠를 흉보고 말이죠. 재욱의 데이트 신청도 넙죽 받아들였고요. 서연은 또 자기 생일날 경치 좋은 곳에 놀러가서는 "나는 돈 많은 남자랑 결혼할 거야"라는 얘기도 하잖아요.

철학쌤 서연이 그런 이중적인 태도를 보인 까닭이 무엇이라고 생각하니?

송이 서연의 감정이나 욕망 자체가 모호했던 것 아닐까요? 서연의

로망은 원래 돈 많고 잘 생기고 세련된 남자랑 결혼하는 거였지만 차츰 가난하고 촌스러운 남자 승민에게 끌렸던 것 같아요. 그런데 자신이 승민을 사랑한다는 사실을 계속 인정하고 싶지 않았던 거죠. 으음~, 서연 얘기를 하다보니까, 요즘 제 마음도 좀 알 것 같아요. 저는 ○○한테 끌리는데, 개랑 사귀면 쪽팔릴 것 같아 제 마음을 인정하지 못했나 봐요. 그래서 ○○가 제게 다가오려고 하면 저도 모르게 쌀쌀맞게 굴었던 것 같고요.

철학쌤 그래, 살다 보면 남들에게 쪽팔릴까 봐, 자신의 감정을 인정하지 못하는 경우가 종종 있지. 난 사실 이 사람이 좋은데, 그 사실을 인정하지 않고 조건이 좋은 다른 사람을 찾는다거나 하는……. 서연도 사실 승민과 재욱 사이에서 갈등을 많이 하지 않았을까? 그런데 화가 난 승민이 재욱의 차에서 내리는 모습을 보고 서연에게 뭔가 섬광 같은 깨달음이 일어났을 것 같아. 그 후 서연이 승민에게 첫눈 오는 날 둘이 종종 찾아가던 빈 집에서 만나자고 하잖아.

송이 쌤, 저는요…… 서연이가 인사불성이 되어 재욱의 차에서 내릴 때 승민이 멀찍이서 쳐다만 보았던 것도 납득이 안 돼요. 재욱이 바람둥이라는 사실을 잘 알면서.

철학쌤 승민의 그런 행동을 이해하려면 그가 느꼈던 '쪽팔림'을 잘 들여다볼 필요가 있어. 스무 살 때 승민이가 쪽팔려 한 대목이 두 번 나오는데, 그게 어떤 장면인지 기억하니?

송이 시장 통에서 대거리하며 국밥집 하는 엄마를 쪽팔려 한 대목이 나와요. 그때 서연이가 국밥집 가자고 했을 때 싫다고 말하

21

고 딴 데로 가죠. 또 재욱 선배랑 서연이가 GUESS 짝퉁 티셔
츠를 보고 놀렸을 때도 엄청 쪽팔려 했어요. 집에 가서 왜 이
런 티셔츠를 사왔냐며 엄마에게 짜증을 부리고, 그 티셔츠를
다시는 입지 않겠다고 소리 지르면서 급기야 대문을 걷어차
찌그러트리잖아요. 그러고 보니, 승민이 재욱에게 느꼈을 열등
감이 장난이 아니었을 것 같네요.

철학쌤 그래, 잘 봤구나. 승민은 열등감 때문에 상황을 오해했고, 합리
적으로 대처하지 못한 거지.

송이 열등감이란 게 인간의 삶에서 그렇게 중요한 영향을 미치나요?

철학쌤 그럼. 심리학자 **아들러**는 열등감을 인간의 성격을 이해하는
데 가장 중요한 개념이라고 봤어. 예를 들어 그는 집안에서 대
개 막내들이 응석을 많이 부리고, 종종 꾀병을 앓곤 하는 것
도 일종의 열등감 극복을 위한 수단이라고 보았거든. 형제들보
다 덩치가 작고 능력도 보잘 것 없다고 느끼는 데서 나오는 열
등감을 극복하기 위해서 그러는 거라고 말이야.

아들러(좌), 어린아이를 진료 중인 아들러(우)

송이 열등감이란 게 도대체 언제부터 생기는데요?

철학쌤 아들러에 따르면 인간은 유아기부터 열등감을 갖는다고 해. 남보다 열등한 신체를 갖고 있거나 경제적으로 궁핍해서 주변 사람들의 무시와 모욕을 받으면 열등감이 싹트기 시작한다는 거지. 그리고 이를 극복하려고 유아기 때부터 노력하는데, 그 방향은 두 가지라 할 수 있어. 하나는 남보다 우월해지거나 남들에게 권력을 행사하려는 방향이고, 다른 하나는 공동체에 대한 관심과 인간애, 연대감을 표현하는 방향이지. 다시 말해 우월·권력욕구와 공동체감이라는 두 힘의 상호작용에 따라 개인의 성격이 형성된다는 얘기야. 아들러는 열등감이 건강한 정신 발달을 이끄는 원동력이 될 수도 있지만, 경우에 따라서는 반사회적 태도(공격성 혹은 소심함)를 갖거나 병적인 권력욕과 우월욕구를 갖도록 만들 수도 있다고 지적했어.

송이 아들러의 이론에 따르면 승민의 경우 재욱에 대한 열등감 때문에 소심하게 행동했다는 얘기네요. 그럼, 서연이 음대생인데도 피아노를 포기하고 아나운서를 지망한 거나 돈 많은 남자랑 결혼하겠다는 꿈을 버리지 못한 것도 그 이론으로 설명할 수 있을까요?

철학쌤 서연이가 피아노를 포기했다며 그 이유로 애들이 자신을 제주도 학원 출신이라 놀린다고 얘기했던 것 기억나니?

송이 예, 그 말을 하면서 서연이 엄청 쪽팔려 했어요. 지금 생각해보니까, 가난한 제주도 출신에다 홀아버지 밑에서 자란 서연이 부잣집에서 남부러울 것 없이 자란 아이들에게 열등감을 많이 느꼈을 것 같아요. 그래서 굳이 강남으로 이사를 간 게 아닐까요?

실존주의 사상으로 서연의 삶을 평가해본다면?

철학쌤 그렇다고 볼 수 있지. 하지만 서연의 행동을 열등감만으로 전부 다 설명하는 건 좀 어려워. 너 실존주의[3]에 대해 들어봤니?

송이 얘기는 종종 들어봤어요. "실존이 본질에 앞선다"나 뭐래나. 그 말이 무슨 뜻인지는 모르지만요.

철학쌤 "실존이 본질에 앞선다"고 주장한 사람은 **사르트르**라는 프랑스 철학자야. 그를 비롯한 실존주의 철학자들은 이런 점 때문에 인간이 여타 사물과 다르다고 봤단다. 책상이나 시계, 칼 같은 사물들은 그것을 제작한 사람이 있잖니? 예를 들어 책상을 만드는 사람은 책상을 만들 때 그것이 어디에 쓰일지 용도를 생각하고 설계도부터 그린단 말이야. 여덟 살 남자 아이가 쓸 책상이라면 크기는 적당히, 높이는 낮게, 그리고 꾸밈보다는 내구성을 중시하겠지. 반면 대기업 CEO의 방에 들여놓을 책상이라면 사이즈도 커야 하고 외장에도 신경을 많이 쓸 거라고. 방문객이 적당히 주눅 들 수 있도록 말이야. 그러니까, 책상의 용도나 기능을 책상의 본질이라 부른다면, 책상이 현실에 존재하기 전에 제작자의 머릿속에 본질이 있는 거라 할 수 있지 않겠니? 인간도 출생하기 전에 그 본질을 머릿속에 미리 규정한 제작자가 있을까?

---

3 19세기의 합리주의적 관념론이나 실증주의에 반대하여 개인으로서의 인간의 주체적 존재성을 강조한 철학 사조이다. 19세기의 키르케고르와 니체, 20세기 독일의 하이데거와 야스퍼스, 프랑스의 마르셀과 사르트르 등이 대표자로 꼽힌다. 프랑스에서는 철학 외에도 문학과 종교를 포함하여 실존주의라고 이른다.

사르트르(좌)
파리 발자크 동상 앞에서 포즈를 취한
사르트르와 시몬 보부아르(우)

송이 너는 커서 연예인이 될 운명이야, 너는 커서 작가가 될 운명이
야, 너는 커서 골드미스로 살다가 잘나가는 회사 CEO를 만나
결혼할 거야……, 이렇게 태어나기 전 우리의 운명을 정해주는
분 말인가요? 그건 신이나 할 수 있는 일 아니에요? 하지만 신
이 있다고 믿을 근거는 없는 것 같아요.

철학쌤 만약 신이 존재한다면, 그리고 신이 인간을 창조했다면, 인간
의 본질은 신의 마음속에 이미 정해져 있을 거야. 하지만 사르
트르는 신의 존재를 믿지 않았어. 그래서 인간이란 존재는 본
질이 규정되기에 앞서 먼저 실존한다고 봤어. 우리를 낳아주
신 부모님마저도 어떤 애가 이 세상에 태어날지 계획하거나
예측할 수 없잖니? 심지어는 딸인지 아들인지, 어떤 재능이 있
는지 모르시지. 그런 의미에서 우리는 이 세상에 내던져진 존
재야. 아무런 목적이나 계획도 없이 태어난 우리 앞에는 '무한

한 자유'가 놓여 있을 뿐이야. 인간은 사물들과는 달리 자기 삶의 목적과 방향을 스스로 결정하여 자기 자신을 만들어가야 한다는 거지. 그래서 사르트르는 "사람은 스스로 만들어가는 것 이외엔 아무것도 아니다"라는 말을 남겼어.

송이 인간은 자신의 본질을 스스로 규정할 수 있는 '무한한 자유'를 가지고 있다는 말, 참 매력적인 듯하면서도 무거운 형벌처럼 느껴져요.

철학쌤 맞아. 그래서 많은 사람들이 인간의 조건을 외면하고 남들이 사는 대로 따라 산단다. 독일의 철학자 **하이데거**에 따르면 인간이 살아가는 방식은 두 가지인데, 하나는 주체적인 선택을 함으로써 자신만의 삶을 실현하는 방식이고, 다른 하나는 세인(世人)들처럼 살아가는 방식이야.

송이 세인들처럼 살아간다는 게 무슨 뜻이죠?

철학쌤 으음~, 하이데거는 출생 이전도, 죽음 이후도 우리에겐 무(無)라고 했어. 그에 따르면 우리의 인생은 무(無) 위에 떠 있고, 그러기에 우리는 숙명적으로 불안할 수밖에 없다고 해. 그런데 우리는 이 불안을 잊고자 '세인들(das Mann)' 사이에 숨으려고 한다는 거지. 세상 사람들 사이에서 잡담, 호기심, 애매성을 즐기며 그들의 평판을 척도 삼아 자기 삶을 평가하며 사는 거야. 이렇듯 세인들의 평판을 의식하며 살게 되면 '튀지 않고' 무난하게 사는 것처럼 보이겠지. 그리고 나의 선택과 행위에 책임질 일도 없을 거고. 하지만 그건 자신의 고유한 삶을 포기하는 거랑 다를 바 없어.

송이   사실 저나 제 주변 친구들도 깊은 고민 없이 남들이 알아주는 대학에 가야 성공할 수 있다는 생각으로 대학 입시를 위해 공부에 매진했던 것 같아요. 간혹 자신이 좋아하는 일, 잘하는 일이 무엇인지 알아봐야겠다며 휴학을 하거나 다른 활동에 매진하는 아이들을 보면 "쟤, 왜 저래?" 하고 흉을 봤는데, 정말 찔리네요.

철학쌤   그럼, 실존주의에 입각해 서연의 삶을 평가해보면 어떨까?

송이   서연은 20대 때 '나는 누구지, 나는 무엇을 원하지, 나는 어떤 삶을 살아야 할까?' 하면서 진지하게 고민하지 않았던 것 같아요. 그래서 "쟤는 제주도 학원 출신이야"라는 친구들의 놀림에 상처 받고, 음대생인데도 쉽게 피아노를 포기해버린 것 같거든요. 그리고 잘 생기고 부유하다는 이유만으로 인기 있는 재욱 선배를 좋아하고, 강남으로 이사 가고……. 또 방송반 활동을 하다가 졸업 후 아나운서 시험에 떨어지니까 돈 많은 의사랑 결혼하잖아요. 그런 걸 보면 서연이 정말 방송 일을 좋아

했는지도 의심스러워요. 어쩌면 서연은 물질적 욕망만 추구하는 세인들처럼 살아간 게 아닐까요?

철학쌤   잘 봤구나. 사실 서연만이 아니라 많은 사람들이 한동안 '강남'에 진입하려고 용을 썼지. 그래서 강남 부동산 값이 천정부지로 뛴 거고.

나는 누구일까?

남의 눈치 안 보고 '나'답게 살아가려면

송이 쌤, 남들 눈치 안 보고 진정한 '나'로 살아가려면 어떻게 해야 하나요?

철학쌤 글쎄. 어려운 문제이긴 해. 하이데거는 "죽음 앞으로 미리 달려가보라"고 제안했어. 예를 들어 공동묘지를 걸으면서 자신이 6개월 혹은 1년 후쯤 죽는다고 상상해보라는 거지. 그러면 자기가 정말 하고 싶은 일이 무엇인지, 해야 할 일과 하지 말아야 할 일이 무엇인지를 알게 될 거라면서. 왜 그런 거 있잖아? 영화나 드라마 보면 시한부 인생을 선고 받은 주인공들이 갑자기 삶의 태도를 바꾸거나 하는 거 말이야.

가끔씩 묘지를 걸어보라!

28

송이   맞아요. 저도 「베로니카, 죽기로 결심하다」[4]는 영화를 봤어요. 처음 베로니카가 자살을 시도했는데, 의사가 앞으로 살아갈 수 있는 날이 얼마 안 남았다고 이야기해주자 애인과 함께 병원을 탈출해요. 그 후 버킷 리스트를 하나씩 실행했지요. 그 모습이 매우 인상적이었어요. 하지만 저는 아직 나이가 어려서 그런지 죽는다는 게 별로 실감나지 않아요.

베로니카는 왜 자살을 결심한 걸까?

철학쌤   요즘은 죽음을 가까이서 경험하는 게 쉽지 않아. 수십 년 전만 해도 사고나 질병으로 죽는 일이 많았는데 말이야. 아이가 태어나면 백일잔치나 돌잔치를 성대하게 치렀던 것도 그 시절엔 어린애가 죽는 일이 흔했기 때문이잖니? 우리는 의학이 눈부시게 발달한 덕에 '죽음 앞에 선 존재'라는 걸 망각하고 살고 있지만, 그래도 부모님이나 가까운 친지의 죽음을 경험하게 되면 갑자기 세상이 달라 보인단다. 서른다섯 살이 된 서연이 제주도

---

4   '소설의 연금술사'로 불리는 파울로 코엘료의 동명 소설을 영화화한 것이다. 메마른 일상에 빠져 인생의 꿈을 잃어버린 베로니카는 삶을 버리고자 결심한다. 그러나 네 병의 수면제를 들이키고 다시 눈을 뜬 곳은 정신병원. 그곳에서 그녀는 세상에서 만날 수 없는 '다른' 사람들을 만나게 되고, 일주일 남짓한 생의 시간 속에서 진실한 사랑과 새롭게 살아갈 수 있는 힘을 배워간다.

로 내려갈 결심을 한 데엔 아버지가 죽음을 앞두고 있다는 사실도 한몫했을 거야. 물론 이혼한 것도 이유가 되겠지만.

송이　그럼, 서연이 첫사랑인 승민을 찾아간 것도 진정한 '나'를 찾아가는 과정으로 볼 수 있을까요? 한동안 손도 안 댔던 피아노를 다시 치게 된 것도요?

철학쌤　그런 해석도 가능할 것 같구나. 서연은 나름대로 매력적인 캐릭터야. 스무 살 때 빈 한옥에 생기를 불어넣는 모습이나 집을 리모델링할 때 힘을 쓰는 모습을 보렴. '제주도 해녀' 같은 강인한 생명력을 느낄 수 있잖아? 당찬 면도 있고. 게다가 아버지를 자상하게 돌보는 건 어때? 효심이나 배려심도 많아 보이지 않니? 난 그런 예쁜 구석을 지닌 서연이 서울에 와서 열등감에 시달리다가 남들이 부러워할 만큼 폼 나게 살고자 하는 쪽으로 삶의 방향을 틀어버린 게 안타까웠어. 그나마 30대 중반에 진정한 자기를 찾았다는 점이 다행스럽지 뭐야. 하지만 서연은 승민과 재회한 후에도 한동안 자신의 정체성을 찾지 못했어. 서연과 승민이 매운탕을 먹으러 간 장면을 떠올려봐. 그때 둘이 이런 대사를 주고받았지.

서연 : 매운탕, 이름이 이상하지 않냐? 안에 뭐가 들어가든 다 매운탕.

승민 : 그럼, 지리를 시킬 걸 그랬나?

서연 : 그냥~. 나 사는 게 매운탕 같아서. 안에 뭐가 들어갔는지 모르겠고 그냥 맵기만 하네.

그런데 집이 완성될 무렵엔 서연이 자신의 정체성을 찾았다고 봐야지. 라스트 씬에서 '기억의 습작'이란 음악이 점점 더 세게 울려 퍼지잖아. 제주도의 푸른 바다와 해변을 비추면서. 집을 짓는 과정에서 서연이 마음의 상처를 극복했다는 것을 잘 보여주는 대목이지.

승민은 과연 첫사랑의 상처를 극복했을까?

송이 쌤, 승민한테도 서연과의 재회를 통해 어떤 변화가 있었을까요?

철학쌤 네가 한번 해석해보렴.

송이 (골똘하게 생각한 후) 승민은 서연과 건축가와 건축주로 만나는 과정에서 가슴속 깊이 묻어두었던 과거의 기억들을 하나씩 꺼냈던 것 같아요. 승민에게 서연은 오랫동안 순진한 남자의 가슴에 깊은 상처를 준 '쌍년'으로 남아 있었잖아요. 그런데 서연이 준 마음의 상처는 승민에게 이중적으로 작용했던 것 같아요. 한편으로는 약혼녀의 집에서 경제적 지원을 해주겠다고 해도 계속 거부하는 '자존심'으로 이어지기도 하고, 다른 한편으로는 건물의 겉모습을 그럴 듯하게 꾸며서 건축주의 환심을 사려는 '속물' 근성으로 나타나기도 하니까요. 그런데 서연도 사실은 그를 사랑했고 뭔가 오해가 있었다는 걸 깨달으면서 해묵은 상처를 극복할 힘을 얻지 않았을까 싶어요. 또 서연이 아버지를 자상하게 돌보는 모습을 보면서 어머니에게 무심하게, 때로는 퉁명스럽게 대했던 자신의 태도도 반성했고요.

철학쌤 승민의 심리를 잘 읽었구나. 그런데 과연 승민이 그 상처를 제대로 극복한 걸까? 결혼식 후 미국으로 가는 비행기 안에서 승민이 지었던 표정을 어떻게 해석해야 하지?

송이 그러게요. 흘러내린 담요를 신부의 몸에 잘 덮어주긴 했는데. 표정은 좀…… 신혼의 단꿈에 젖은 신랑의 표정은 아니었죠.

철학쌤 맞아. 쓸쓸하고 공허해 보였어. 또 그 전에 약혼녀가 웨딩드레스를 맞추면서 "어때? 이게 더 나은 것 같아?", "좀 야해 보이지 않아?" 하고 이것저것 의견을 물어볼 때도 그냥 심드렁한 표정으로 대답하잖아.

승민의 진짜 마음이 궁금해요!

송이 승민은 정말 약혼녀를 사랑했을까요? 영화를 보면 약혼녀가 은근 밥맛이던데…….

철학쌤 서연의 슬픈 사연을 들은 후 승민의 마음도 많이 흔들렸던 것 같지? 결혼식 직전에 승민이가 어머니한테 묻잖아. "나, 미국 가지 말고 엄마랑 함께 살까?" 하고 말이야. 나는 그게 홀로 계시는 어머니를 염려해서 나온 얘기만은 아니라고 생각해. 그런데 어머니는 "내 걱정은 말고 새 애기한테나 잘해줘"라고 말씀하시면서 저금통장을 승민에게 주시지. 그때 마침 어머니가 입고 계신 옷이 바로 15년 전 승민이 다시는 안 입겠다고 내동 댕이쳤던 GUESS 셔츠였어.

송이   어머니랑 얘길 나눈 후 승민은 그 옛날 자신이 찌그러트린 대문을 수리하려고 해요. 그런데 원상복구가 잘 안 되자 눈물을 흘리잖아요. 그건 지난 세월을 돌이킬 수 없다는 걸 보여주는 복선이 아닐까요?

철학쌤   오오, 예리한 안목인데! '기억의 습작'이란 노래(CD)는 이 영화에서 승민과 서연의 관계를 이어주거나 정리하는 데 사용된 중요한 소품이야. 그런데 라스트 씬에서 흘러나온 이 노래의 가사야말로 서른다섯 살 승민의 마음을 대변해주는 '주제가'라고 볼 수 있지.

많은 날이 지나고 나의 마음 지쳐갈 때
내 마음속으로 쓰러져가는
너의 기억이 다시 찾아와
생각이 나겠지
너무 커버린 미래의 그 꿈들 속으로
잊혀져가는 너의 기억이 다시 생각날까

승민은 이제 첫사랑에 가슴이 쿵쿵 뛰던 풋풋한 청년으로 돌아갈 수가 없어. 건축가로서 성공하겠다는 야망도 있고, 미래를 약속한 아내도 있어. 이런 꿈들을 버리고 첫사랑, 아니 지금도 애틋하게 사랑하는 서연을 선택하기엔 승민의 마음이 너무나

지쳐 있지. 실존주의적 표현을 써서 말하자면 "참된 실존에서 멀어져 타인의 시선과 평판에 얽매는 세인이 되었다"고나 할까? 너는 10년 후 승민의 모습이 어떨 것 같다고 생각하니?

송이 승민의 결혼 생활이 결코 행복하지 못할 것 같아요. 원룸에서 살면서 투덕거리다 이혼하거나, 승민이 자기 고집을 꺾고 아내에게 쥐여 살거나 둘 중 하나가 되지 않을까요? 또 성공하겠다는 야심과 건축의 본질을 살리겠다는 양심 사이에서 갈등하다가 결국 어정쩡한 사람이 될지도 모르고요.

철학쌤 서연이 집짓기를 통해 자기 인생을 리셋할 힘을 얻은 반면 승민의 경우는 좀 애매하지? 물론 승민도 설계를 변경해달라는 서연의 요구를 들어주고 끝까지 책임지는 모습을 보여주긴 해. 하지만 미국행 비행기를 탄 승민의 '표정'으로 미루어 봤을 때 그가 참된 실존에 다가갔다고 보기는 어려울 것 같아. 감독도 그런 생각이었을까, 모르겠다만. 하지만 영화를 본 우리의 해석이 의미 있는 게 아닐까? 참, 그런데 말이지. 서연과 승민의 삶을 찬찬히 음미해보니, 네 고민을 해결하는 데 도움이 좀 되는 것 같던?

송이 예, 좀……. 제가 나 자신을 잘 모른다는 걸 깨달았어요. 시간이 좀 더 필요한 것 같아요. 우선은 제 감정의 정체가 무엇인지, 제가 정말로 원하는 게 어떤 건지 생각해야 할 것 같아요.

참을 수 없는 선택의 무거움

쌤과 얘기를 나누고 보니, 서연과 나는 공통점이 참 많은 것 같다. 서연이 승민에게 그랬던 것처럼 나 역시 그 남자애를 좋아한다는 사실을 받아들이지 못하고, 타인의 시선에 신경을 쓰고 있었다는 거니까.

왜 나는 그렇게 타인의 시선을 신경 쓰게 되었을까? 곰곰이 생각해봤다. 추측컨대 부모님 때문인 것 같다. 우리 가족은 먹고사는 데 문제가 없을 뿐 아니라 자주 영화도 보러 가고 레스토랑도 가고 뮤지컬도 보러 간다. 아주 어렸을 때 나는 내가 어른이 되어서도 당연히 '그런 삶'을 살 것이라고 생각했다. 하지만 점점 나이가 들면서 '과연 내가 그런 삶을 살 수 있을까?'라는 의문이 들기 시작했다. 그리고 알게 모르게 부모님은 어떻게 그런 삶을 살 수 있을까란 생각을 하게 된 것 같다. 어머니는 가정주부시고, 아버지가 대기업을 다니신다. 어머니는 아버지처럼 능력 있는 분을 만나서 이런 삶을 살 수 있게 된 건 아닐까? 이런 생각이 아마도 내 머릿속 한 공간을 차지한 것 같다.

그리고 사실 나는 공부를 엄청 잘하는 것도 아니고, 딱히 뛰어나게 잘하는 뭔가도 없다. 내 힘으로 부모님처럼 사는 건 불가능할 것 같다는 생각도 든다. 그럼에도 불구하고 불안감 때문에 입시를 준비하고 있긴 하지만…… 솔직히 자신은 없다.

어쩌면 ○○랑 사귀는 걸 꺼려하게 된 이유인 '쪽팔림'은 사실 나의 불안에서 비롯된 건지도 모르겠다. '나'라는 사람에 대해 스스로 자신할 수 없으니까, 쌤 말씀처럼 스스로 삶을 만들어나가기보다 타인의 시선을 의식하며 그냥저냥 살아가는 '세인'이 된 것은 아닐까?

　그렇다고 ○○랑 사귀어야 하는 건지도 잘 모르겠다. 입시도 대비해야 하는데……. ○○랑 사귀면서 공부를 잘할 수 있을지? 자신의 삶을 주체적으로 선택한다는 것엔 책임이 따른다는 쌤의 말이 오늘따라 뼈저리게 다가온다. 아~, 모르겠다. 선택할 수 있는 자유도 참 괴롭다. 미국으로 떠난 승민도 결국 '타인의 시선'에 맞춘 선택을 한 것인데, 그 선택이 그 순간엔 덜 아프겠지만, 나중에 불행한 삶으로 이끄는 건 아닌지. 정말 행복하려면 무엇보다 나답게 살아야 하는 걸까? 그런데 나답게 산다는 건 도대체 뭘까?

"나도 내 마음을 잘 모르겠어"라고 말할 때

사실 어렸을 때는 누군가를 좋아한다는 감정을 느껴보지 못했던 것 같다. 성격상 여자 친구들보다 남자 친구들을 더 친하고 편하게 생각했기 때문일지도 모르지만, 주변의 남자 애들이 나에게는 그저 편한 친구들, 또는 조금 더 친해지고 싶다고 생각하게 만드는 친구로 다가왔던 것 같다. 그런데 점점 나이를 먹고 커가면서 크게 바뀐 점이 있다. 어느 순간 내가 이 사람을 좋아하는지, 좋아하지 않는지를 고민하고 있다는 점이다. 감정도 옛날과는 달랐다. 그저 편한 친구로서, 더 친해지고 싶은 친구로서의 '좋음'이 아니었다. 말로 표현하기가 어려웠을 뿐더러 나도 '그때 나의 감정'을 잘 몰랐다.

이 글을 읽다 보면 주인공인 승민과 서연의 사랑이 불발로 끝난 까닭이 무엇일까 하며 이야기를 나누는 부분이 나온다. 이 부분에서 송이는 이런 말을 한다. "자신이 승민을 좋아한다는 사실을 계속 인정하고 싶지 않았던 거죠." 그리고 남들 눈치를 보면서, 쪽팔려서 인정하지 않는다는 말도 나온다. 나는 이 부분에 공감했다. 그리고 내가 그때 왜 그럴 수밖에 없었는지에 대한 생각도 정리할 수 있었다.

사실 「건축학개론」의 주인공인 서연도, 그리고 이 글의 송이도 '내가 그 친구를 좋아하나?'라고 고민을 했을 때부터, 혹은 그 친구가 신경 쓰이거나 그 친구랑 친해졌을 때부터 이미 좋아한다는 마음을 가지고 있었을 것이다. 하지만 둘 다 그 사실에 대해 '나도 내 마음을 정확히 모르겠어. 이게 좋아하는 걸까?'라고 생각한다. 이것은 답을 내리기를 피하는 것과 같다. 이미 우리는 답을 알고 있지만, 인정하지 않는 것이다. 나도 친구들과 좋아하는 사람의 이야기를 하면서 종종 "나도 내 마음을 모르겠어"라는 말을 하곤 했다. 하지만 내리게 되는 결론은 처음과 같았다. 결국 내가 인정하지 않은 것이다. 이런 경험들이 있었기에 나는 더욱 송이가 한 말에 공감할 수 있었다.

마지막에 송이가 쓴 글을 보면 마음의 갈피를 잡지 못하는 이유를 두고 "타인의 시선에 신경을 쓰기 때문"이라고 한 말이 나온다. 또한 나답게 살아야 하는데, 나답게 살지 못하는 그런 점들이 이런 모습들을 만든다고도 했다. 과연 나는 나답게 살고 있을까? 나는 왜 나의 마음을 정확하게 알지 못했을까? 내 경우에는 나에게 익숙하지 않은 감정이라든지, 이런 나의 감정을 남한테 보이는 데 대한 부끄러움이 있는 것 같다. 그래서 쉽게 인정하지 못하는 것 같다. 사실 익숙하지 않은 감정이라는 이유보다는 나의 감정을 남한테 보이는 것에 대한 부끄러움이 더 클 것이다. 하지만 자세히 들여다보면 이 또한 남의 시선을 많이 신경 쓰는 행동 중 하나인 것 같다.

내 자신으로 살아가기 위해서 나는 어떻게 해야 할까? 전에는 자신감이 그 답이라고 생각했는데, 지금은 그것만이 답은 아닌 것 같다. 나답게 살아가는 법, 쉽지는 않겠지만 꾸준히 내가 고민해야 할 숙제임에 틀림없다.

— 김어진 학생의 글

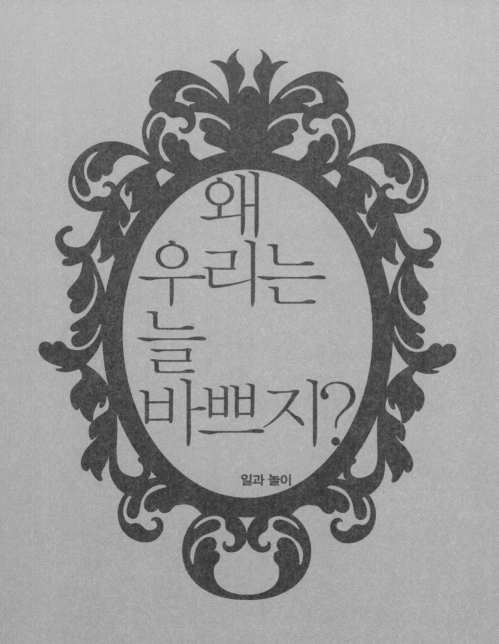

왜 우리는 늘 바쁘지?

일과 놀이

내 시간이 필요하다고!

고등학교 입학한 지 두 달이 지났다. 처음에는 새로운 학교와 친구들을 만나고, 훨씬 어려워진 학교 수업에 적응하는 문제로 좀 바빴다. 그런데 아이들과 어느 정도 친해지고, 학교생활에도 익숙해졌건만 쫓기는 듯한 일상은 여전히 계속되고 있다.

나는 고등학생이 되면서 열심히 생활하기로 결심했다. 그래서 부모님께 먼저 야간 자율학습을 지원하겠다고 말했고, 자율학습을 마치자마자 학원으로 향했다. 학원숙제는 어쩔 수 없이 밤 12시가 넘어서 하거나 학교 점심시간 같은 때 해야 한다.

고등학교 들어와 새롭게 사귄 친구들과도 그럭저럭 지낼 만하다. 중학교 2학년 때 몇몇 친구들과 겪었던 아픔을 반복하지 않으려 먼저 웃으며 말을 건넨다. 중학교 때와 달라진 게 있다면, 친구들과 어울리지 못한다고 해서 억지로 따라다니려 하지 않고, 혼자가 되면 편한 마음으로 책을 읽는 것. 그러다 보니 오히려 서로 마음이 통하는 친구가 생겼다. 유림이가 바로 그렇게 사귀게 된 친구다. 유림이는 나보다 훨씬 책을 많이 읽는다. 게다가 조금 엉뚱한 구석도 있다. 지난주에는 아침에 학교 오는 길에 보도블록 사이에 핀 민들레를 들여다보느라 1교시를 지각했단다.

학교 선생님들은 앞으로 우리가 살아갈 세상에 대해 실제적인 이야기를 많이 해주신다. 내가 모르는 쪽 세계도 안내해주시고, 빠르게 변하는 세상에 대해서도 좋은 이야기를 많이 해주신다. 하지만 늘 아쉬운 건 결론이다. "그래도 어느 정도 먹고살려면 대학은 나와야 하니 지금은 열심히 공부해라." 생각이 여기에 미치자 지난 겨울방학이 떠올라 마음이 아팠다.

나는 중1 때부터 기타를 쳤다. 지난 겨울방학엔 심심할 때마다 기타를 쳤다. 하루는 그냥 별 뜻 없이 "커서 기타리스트가 되어볼까?" 하고 말했는데 어머니께서 정말로 기타리스트를 만나게 해주셨다. 이걸 고맙다고 해야 하나, 극성이라고 해야 하나? 엄마는 내가 공부에 전혀 신경 쓰지 않아도 될 만큼 기타를 좋아한다면 기타리스트가 될 재능이 있나 확인해보자고 하셨다. 사실 나는 프로 기타리스트를 만나보고 싶은 마음이 없었는데! 아무튼 그날 이후 나는 기타리스트 되기를 확실히 포기했다. 아무리 연습한다 해도 잘 칠 자신이 없었다. 결정적으로 웬만큼 유명해지지 않으면 돈을 벌기가 어렵다는 말 때문에.

기타리스트는 포기했지만 나는 아직도 기타를 치는 게 그냥 좋다. 하지만 고등학생이 된 마당에 '닥치고 공부!' 말고 뭐가 있겠는가? 그래서 고등학교 생활을 착실히 해보려고 다짐했던 거다. 촘촘하게 계획을 세우고 매일매일 할 일을 하루도 빼먹지 않고 하다 보니 정말 힘들다. 시험을 보고 나도 쉴 틈이 없다. 바로 그 다음 시험을 준비해야 하니까. 이런 식으로 고등학교 3년을 보낼 생각을 하니 답답함이 몰려왔다. 충분히 쉬지도 못하고 매일 쫓기듯 살아가는 거, 정말이지 맘에 안 든다. 누구와 이 답답한 마음을 나눌 수 있을까?

문득 유림이가 생각났다. 더 정확히는 유림이 아빠라고 해야겠다. 유림이 말로 아저씨는 자유인이다. 주로 철학책을 쓰시는데 철학 박사란다. 게다가 매일 출근하는 직장이 없단다. 유림이 말로는 일하고 싶을 때 일하고, 버는 규모에 맞춰 살아간단다. 돈을 많이 벌려면 그만큼 바쁘고 스트레스를 받아야 한다면서 꼭 필요한 만큼 일하신다는 거다. 그러다 보니 가족들과 대화할 시간이 많아져서 유림이의 고민 해결사를 자처하신다는 것.

유림이 아빠를 만나보면 조금 다른 이야기를 들을 수 있지 않을까? 유림이에게 조심스럽게 이야기를 꺼냈더니 자기 아빠는 시간이 무지 남아돈다며 좋은 생각이라고 한다. 특히, 그런 이야기라면 아주 좋아하실 거라면서.

'시간이 무지 남아돈다니……. 요즘 같은 세상에 실업자가 아니라면 그런 사람이 있을 수 있나?'

점점 더 아저씨를 만나고 싶어졌다. 유림이는 집에 가서 아빠와 이야기해보고 연락을 주겠다고 약속했다. 밤 10시쯤 드디어 문자가 도착했다.

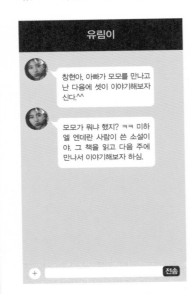

유림이

창현아, 아빠가 모모를 만나고 난 다음에 셋이 이야기해보자 신다.^^

모모가 뭐냐 했지? ㅋㅋ 미하엘 엔데란 사람이 쓴 소설이야. 그 책을 읽고 다음 주에 만나서 이야기해보자 하심.

전송

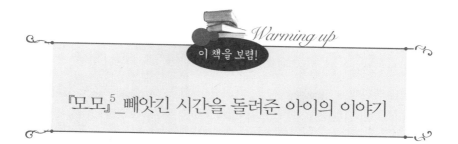
『모모』[5]_빼앗긴 시간을 돌려준 아이의 이야기

화려한 고대 도시의 흔적이 남아 있는 터전에 세워진 몇몇 도시. 그중 하나인 이곳의 남쪽 끝 마을 소나무 숲에는 무너진 작은 원형극장이 있다. 이 극장은 그 옛날에도 화려하지 않았다. 그저 가난한 사람들을 위한 극장이었을 뿐이어서 이웃마을 사람들만 겨우 알고 있을 정도였다.

이 원형극장 터에 어디서 왔는지 알 수 없는 조그만 여자아이가 들어온다. 이름은 모모. 키가 작고 대단한 말라깽이에다 낡아빠지고 헐렁한 남자 웃옷을 걸치고 색색가지 알록달록한 천을 이어 붙여 만든 치마를 입고 있는 아이. 고작해야 여

미하엘 엔데의 원작 소설을 요하네스 샤프 감독이 영화로 만들었다 (1986).

---

5 모모, 미하엘 엔데 지음, 한미희 옮김, 비룡소, 1999. 모모(Momo)는 독일의 아동문학가 미하엘 엔데가 1973년 발표한 책의 이름이자 주인공의 이름이다. 발간 당시의 정식 이름은 『모모, 시간도둑과 사람들에게 빼앗긴 시간을 돌려준 한 아이의 이상한 이야기 *MOMO oder Die seltsame Geschichte von den Zeit-Dieben und von dem Kind, das den Menschen die gestohlene Zeit zurückbrachte*』이다. 우리나라에서는 1977년 9월, 차경아가 번역한 최초의 한국어 번역본이 청람문화사에서 출간되었다. 독일에서는 요하네스 샤프 감독이 메가폰을 잡아 1986년 영화화되었다.

덟 아니면 열두 살쯤으로 보이는데, 정작 본인은 백 살 혹은 백두 살이 되었다고 말한다.

가난한 마을 사람들은 모모가 원형극장 무대 아래 있는 방에서 지낼 수 있도록 돌보아주기로 한다. 그런데 모모는 마을 사람들한테서 도움만 받는 아이가 아니었다. 오히려 시간이 지날수록 마을에 큰 도움을 주는 아이가 된다.

행여 마을에 곤란한 일을 겪는 사람이 생기면 다른 이들이 그에게 이렇게 충고한다. "아무튼 모모한테 가보게!"

하노버에 있는 미하엘 엔데 광장에 세워진 모모 조각상. 커다란 귀를 들고 있는 모습이 인상적이다.

"모모는 어리석은 사람이 갑자기 아주 사려 깊은 생각을 할 수 있게끔 귀 기울여 들을 줄 알았다. 상대방이 그런 생각을 하게끔 무슨 말이나 질문을 해서가 아니었다. 모모는 가만히 앉아서 따뜻한 관심을 갖고 온 마음으로 상대방의 이야기를 들었을 뿐이다. 그리고 그 사람을 커다랗고 까만 눈으로 말끄러미 바라보았을 뿐이다. 그러면 그 사람은 자신도 깜짝 놀랄 만큼 지혜로운 생각을 떠올리는 것이었다."

모모와 함께 사는 덕에 영원히 행복할 것 같던 이 마을에 나쁜 일이 생기기 시작한다. '회색신사'가 등장한 것이다. 납회색 서류가방을 들고 작은 회색시가를 뻐끔대는 회색신사는 잿빛 목소리로 자신이 시간은행에서 일하고 있다고 소개한다. 사람들마다 세상살이가 의미 없어 보인다고 생각하는 순간이 있게 마련인데, 회색신사들은 바로 그 순간에 등장해서 현란한 계산을 통해 "시간을 절약하면 행복하게 살 수 있게 될 것"이라고 꼬드긴다. 그러고 나서 계약이 성립되면 그 다음부터는 회색신사들은 계약자들이 단 1초의 시간도 허비하지 않도록 엄중하게 감시하면서 미리 짜인 시간표에 따라서 움직이도록 종용한다.

시간을 관장하는 호라 박사의 거북이 카시오페이아. 30분 후의 미래를 내다보는 능력을 가진 카시오페이아는 모모와 함께 회색신사들이 빼앗아간 시간을 되찾으러 모험을 떠난다. 독일 가미쉬-파르텐키르헨의 미하엘 엔데 공원에 있는 카시오페이아 조형물이다.

그들이 나타난 후 마을 사람들은 돈을 많이 벌게 된다. 겉으로 보기엔 예전보다 훨씬 살림살이며 생활이 나아진 듯하다. 하지만 사람들의 얼굴엔 무언가 못마땅한 기색이 어려 있다. 피곤함과 불만도 쌓여갔다. 더 이상 상냥한 기미라고는 찾아볼 수가 없게 되었다. 회색신사들과 시간저축을 계약하는 사람들이 늘어나면서 모모를 찾아오는 사람들은 줄어든다. 그러자 이번에는 모모가 사람들을 찾아 나선다.

모모는 자신의 들어주는 재능을 발휘하여 회색신사로부터 그들의 정체에 대해 듣게 되고, 친구 베포와 기기의 도움을 받아 아이들과 함께 회색신사들의 음모를 세상에 알리며 본격적인 싸움에 들어가는 데……

시간은 왜 늘 부족할까?

모모는 어떤 아이지?

아저씨 '모모'를 만난 소감이 어때?

창현 뭔가 알 듯 모를 듯 신비로운 친구 같아요.

유림 난 초등학교 6학년 때 처음 만나고 이번에 다시 만났는데 아주 색다른 느낌이야. 예를 들면 전에는 내가 모모가 된 것 같아서 아이들과 배 타고 모험하는 부분을 가장 재미있게 읽었거든. 근데 이번에는 모모가 회색신사와 싸우는 장면이 훨씬 기억에 남아. 암튼 시간에 관해 이야기하는 것 같은데 뭐라 딱 정리하기가 어려워······.

아저씨 난 어른이지만 『모모』를 읽을 때면 재미있게 정신없이 놀았던 어린 시절을 떠올려보게 되더라. 그리고 지금 나는 제대로 살고 있는 건가, 살펴보게도 되고. 『어린왕자』도 그렇지만 『모모』 또한 성인이 읽어도 언제든 새롭게 영감과 감동을 주는 책이야. 난 무엇보다 '모모'란 이름이 너무 정겨워. 너희가 보기에 모모는 어떤 아이지?

창현 다른 사람 이야기를 잘 들어줘요. 뭐 대단한 건가 싶긴 한데,

그 마을 사람들은 참 좋아하던데요?

유림 　모모는 참 맹랑하면서도 용감한 아이예요. 처음에는 수동적으로 사람들의 이야기를 잘 들어주지만 나중에 호라 박사를 만나고 나선 직접 나서서 회색신사들에게 사로잡힌 사람들을 만나 설득하잖아요. 결국 회색신사들과 크게 싸우고

호라 박사와 모모

요. 처음 모모가 회색신사를 만났을 땐 엄청 무서워했거든요.

아저씨 　사람들이 이야기를 잘 들어주는 모모를 좋아하고, 결국 마을 사람들 간에 문제가 생기면 "아무튼 모모한테 가보게"라고 할 정도가 되었는데 말야, 무슨 비결이 있었을까?

창현 　그러게요. 전 이야기를 들어주는 게 별 것 아니라 생각해서……. 오히려 말을 잘해서 사람들을 설득하는 게 더 필요한 능력 아닐까요?

유림 　창현아, 베포 할아버지처럼 대답하는 데 두 시간 이상 걸린다면 누가 그 이야길 끝까지 들어줄 수 있을까? 그리고 내 생각엔 모모가 그냥 말을 듣는 게 아니라 눈을 맞추고 고개를 끄덕이고 그러니까, 상대방의 마음을 충분히 읽어주며 때로는 같은 감정을 느껴가며 들어주니까, 사람들이 편안하게 여긴 게 아닐까 해. 사실 나도 듣기가 잘 안 될 때가 많거든.

아저씨 유림이 말처럼 잘 들어주는 건 쉽지 않아. 하지만 잘 들어주는 거야말로 서로 이해하고 소통하는 데 기본이 된다고 생각해. 물론 요즘엔 이게 잘 안 되어 소통이 어렵지만. 그럼, 듣기가 쉽지 않은 까닭이 뭘까?

창현 듣기 어려운 이유라니요? 뭐 그런 당혹스런 질문을……. 그냥 안 들어서 그렇지 무슨 이유가 있나요?

유림 혹시 이런 건 아닐까요? 말을 하려면 자기 생각을 상대방이 이해할 수 있도록 표현해야 하니 다들 말하는 게 어렵고 듣는 게 쉽다고 여기는 거죠. 듣는 건 그냥 들으면 되는 것이지 뭐 특별한 노력이 필요 없다고 생각하는 거예요. 그렇지만 실은 모모처럼 잘 들으려면 단순히 소리를 듣는다거나 말을 이해하는 차원을 넘어 공감도 할 수 있어야 하고, 섣불리 자기주장을 펴서 상대방의 말을 막지 않도록 노력해야 하니 오히려 더 어려운 거죠.

아저씨 그래 유림이가 아주 좋은 이야기를 해줬다. 말은 아무래도 주장이나 표현이니까 자기를 드러내게 마련이야. 사람에 따라 말이 어려우면 글로라도 자신을 표현하지. 반면, 소리를 듣는 건 쉬워. 하지만 끝까지 상대방이 어떤 감정으로 무슨 말을 하는 지 들어주고 맞장구쳐주는 일은 그렇게 쉽지 않아. 나도 유림이 네 이야기를 듣다 보면 자꾸만 나와 다른 점을 발견하고, 그러면 충고하거나 지적하고 싶어지거든. 그러면 잘 못 듣게 되고…….

유림 언젠가 '아빠가 내 마음까지 이해하면서 이야기를 들어주시는 구나' 하고 느낀 적이 있었는데 그때부터 아빠를 더 좋아하게 된 거 같아요. 결국 잘 들어주는 일은 쉽지 않지만 정말 소통하려면 잘 들어주는 데서 시작한다고 봐야겠네요. 전 지금까지 듣는 것에 대해 별로 의식하지 못했거든요.

우리는 왜 늘 시간에 쫓기며 살까?

아저씨　너희는 『모모』에서 어떤 장면을 인상적으로 보았니?

창현　저는요, 기기요! 처음 모모와 이야기를 지어내면서 간혹 오는 사람들에게 자칭 관광안내원으로 재미있게 이야기해주는 그 장면이 참 좋았어요.

아저씨　창현아, 기기 이야기를 좀 더 자세하게 해주겠니?

창현　기기는 나중에 돈도 많이 벌고, 유명해지고, 엄청 바빠지잖아요. 근데 그런 생활을 너무 힘들어 하고 스트레스도 엄청 받게 되지요. 결국 그만두려고 하는데, 멈추지 못하고 어쩔 수 없이 따라가요. 정말이지 지금의 제 생활하고 비슷해요.

유림　저도 조금 비슷해요. 저는 회색신사가 이발사 푸지 씨를 만나 인생살이를 초 단위로 나누어 계산해주던 장면이 인상적이었어요. 신기하게도 70살 인생을 초 단위로 바꾸니 약 22억 초나 나오더라고요. 엄청나죠? 그런데 회색신사의 분류대로 지금껏 살아온 시간을 이것저것으로 나누어보니 남는 시간이 하나도 없이 딱 떨어지는 거예요. 그걸 보면서 저도 모르게 '이렇게 살면 남는 게 하나도 없겠구나', '시간을 아껴야겠구나' 하는 생각이 들더라니까요. 아빠는요?

아저씨 나는 베포 할아버지가 인상적이야. 베포 할아버지는 지혜가 많은 분이신데 사람들은 그걸 잘 몰라. 그저 잠깐 보고, 혹은 겉으로 드러나는 모습만 보고 판단해버려. 그러고는 이상하다고 수군대지. 나도 베포 할아버지처럼 다음에 딛게 될 걸음, 다음에 쉬게 될 호흡, 다음에 하게 될 비질만 생각하며 일을 즐겁게 하고 싶은데…… 그게 잘 안 돼. 가끔 보면 정신없이 마구 비질하고 있는 나를 발견하게 되거든. 암튼 베포 할아버지가 말씀이 별로 없는 것도 나는 좋아. 참, 유림이 말을 들어보니 창현이는 힘들고 바쁘게 살아가는 까닭을 모르겠다고 했다면서? 그래서 날 만나고 싶기도 했고…….

창현 맞아요. 고등학교 생활을 열심히 하려고 노력하는데 왠지 자꾸만 불안하고, 해도 해도 부족한 듯하고 그래요.

아저씨 유림이 너는 어떠니?

유림 물론 저도 미래에 관한 이런저런 이야기를 들으니까 당연히 걱정되고 불안할 때도 있어요. 그런데 저는 아빠 영향을 받아서 그런지 푸지 씨처럼 바뀌고 싶지는 않더라고요. 사람들과 대화도 줄여버리고, 특히 좋아하는 여자 친구 만나러 가는 시간까지 줄이는 건 정말 이해가 안 돼요. 저야 뭐 학생이니까 학교 성적을 잘 받으면 좋긴 한데……. 그냥 내가 즐겁게 좋아하는 공부를 열심히 하면 결과는 크게 상관없을 거 같아요. 아니, 솔직히 성적이 나쁘면 속이야 좀 상하겠지만 어쩔 수 없죠 뭐. 아빠, 나 이래도 괜찮은 건가요?

아저씨 모모와 더불어 평화롭고 한가하게 살아가던 마을에 회색신사들이 갑자기 등장해서 뭐라고 이야기했는지 기억나니?

창현 시간저축은행에서 나왔다며 시간을 모으라 했지요. 결국 시간을 아껴 쓰란 말이죠?

유림 회색신사들이 단순히 "시간을 아껴 쓰라"고 한 게 전부는 아닌 것 같아. 회색신사는 구체적으로 "지금까지 손님 한 명당 30분이 걸렸다면 이제 15분으로 줄이세요. 시간 낭비를 가져오는 잡담은 피하세요. 나이 드신 어머니 곁에서 보내는 시간을 절반으로 단축할 수도 있습니다……"고 제안하잖아. 결국 사람들에 대한 관심이나 천천히 오가는 정을 중시하기보다 빨리빨리 효율적으로 일해서 시간을 많이 저축해서 돈을 많이 벌고, 크게 성공하라고 부추겼던 게 아닐까 싶어.

아저씨 그렇다면 요즈음 같은 세상에 회색신사들이 존재한다면 어떤 전략을 펴뜨릴까?

창현 시간을 아껴야 성공할 수 있다는 이야기는 여전히 반복되지 않을까요? "날이 갈수록 치열해지는 경쟁에서 살아남으려면 부지런히 능력을 키워라", 우리 같은 학생으로 치면 "남들보다 열심히 공부하고, 여러 가지를 다 잘하도록 노력해서 리더가 되어라" 뭐 이런 것들을 주문하겠네요.

유림 회사에선 "끊임없이 자신을 혁신해야만 성공할 수 있다", "업무를 잘 분석하여 불필요하게 낭비되는 시간을 줄여라", "생산성을 최대한 높여 이윤을 극대화하라"면서 사람들을 재촉하겠지요. 뭔가 '너는 항상 좀 부족한 것 같아'라는 인상을 심어주는 게 오늘날 회색신사 역할을 자처한 사람들의 전략 아닐까요?

아저씨 그래. 좋은 얘기로구나. 그런데 말이야, 회색신사들의 전략도 전략이지만 난 푸지 씨가 회색신사를 만나기 바로 직전에 자기 인생은 실패작이라며 우울해했던 점을 기억해야 한다고 봐. 그가 "일을 하다 보면 도대체 제대로 된 인생을 누릴 시간이 없어. 제대로 된 인생을 살려면 시간이 있어야 하거든"이라 말하는 순간 회색신사가 방문했다는 게 참 절묘하단 생각 안 드니? 유림이 지적과 비슷한데……, 어딘가 만족하지 못하고, 잘 못 살고 있는 게 아닐까 불안해할 때 회색신사가 어김없이 등장하거든.

창현 실제로 우리에겐 시간이 부족하지 않나요? 저희 부모님도 늘 "할 일은 많은데 시간이 없다"고 하시거든요.

아저씨 그래, 창현아 네 말이 아마도 맞을 거야. 그런데 이렇게 생각해 볼 수도 있지 않을까? 역사적으로 봐도 과학기술은 끊임없이 발전하고 있어. 특히 정보통신기술이 너무도 빠르게 변화하고 발달해서 따라잡기 힘들 정도지. 그런데 왜 과학기술이 자꾸 발전하는 걸까? 내 생각엔, 물론 호기심 탓도 있겠지만, 실은 인간의 생활을 좀 더 편하게 만들기 위해서인 것 같아. 사람들이 덜 힘들게 일해서 노동시간을 줄일 수 있도록 기술이 발전에 발전을 거듭하는 거지. 실제로 70여 년 전, **러셀**이라는 영국철학자는 『게으름에 대한 찬

자녀인 존과 케이트에게 책을 읽어주고 있는 버트런드 러셀

53

양』이라는 책에서 "현재의 기술은 만인을 위한 생활필수품을 확보하는 데 필요한 노동의 양을 엄청나게 줄였다"며 "사람들이 하루에 4시간 정도만 일해도 여가를 즐기며 살아갈 수 있다"고 주장했어.

창현 그렇다면 우리가 혹시 뭔가에 속고 있는 건가요? 사실은 모두들 조금만 일하고 여가를 즐길 수도 있는데 그런 건 알려고도 하지 않고 알려주지도 않아서 오히려 시간이 부족하다 느끼고 불안한 가운데 정신없이 달려가고 있는…….

유림 그러고 보니 회색신사들도 사람들을 속였잖아요. 말로는 자신들이 시간저축은행에서 왔으며 아낀 시간을 모아주고 맡긴 시간에 대해선 이자까지 지불하겠다고 했어요. "그러니까 앞으로 20년간 두 시간씩 저축하신다면 1억 512만이라는 어마어마한 재산이 모이는 겁니다. 당신은 예순두 살이 되시는 해에 그 재산을 마음대로 쓰실 수 있게 될 겁니다. ……우리 시간저축은행은 저축하신 시간을 보관해드릴 뿐만 아니라 맡기신 시간에 대해 이자를 지불합니다. 그러니까 더 많은 액수를 받게 되시는 겁니다"라고요. 그런데 실제로 회색신사들은 사람들의 시간을 저축하는 게 아니었잖아요?

창현 맞아! 회색신사들은 사람들이 아끼는 시간을 훔쳐서 살아가고 있어. 그중 어떤 회색신사가 이자를 불리거나 나중에 되돌려준다는 건 모두 거짓말이라고 실토해버렸지.

아저씨 그 회색신사가 "사람들에게서 몇 시간, 몇 분, 몇 초를 조금씩 빼내는 거야. 사람들이 아낀 시간은 그냥 사라져버려"라고 말

평화롭던 마을에 나타나 사람들의 시간을 훔치는 회색신사들

하는 데서부터 정체가 밝혀지기 시작해. 작가는 우리가 스스로를 충분히 사랑하지 못하고, 현재 하는 일에 불만을 갖고, 뭔가 부족하다고 마음먹는 순간, 회색신사가 나타난다는 것을 보여주고 있어. 그런 사람에게 "좀 더 바쁘게 효율적으로 살아야 나중에 큰 보상이 주어진다"며 회색신사가 접근하도록 한 거지. 실상은 정 반대인데. 여유는 사라지고, 인간적인 만남은 적어지고, 도리어 더 정신없이 바빠질 뿐인데 말이야.

유림 　만약 회색신사들이 없어진다면 어떤 일이 벌어질까?

창현 　모모가 회색신사를 물리친 다음 장면을 보면 알지. 마을 사람들 모두 한 곳에 모여 밤새도록 파티를 즐기잖아.

아저씨 　밤새 파티를 열고 행복하게 살게 되었다는 해피엔딩만 가지고 소설의 마지막 장을 덮으면 조금 아쉽지. 모모가 회색신사가 훔쳐간 시간을 찾아주고 난 다음 다시 변화된 마을을 묘사한 부분이 있는데. 그 부분에 대해 이야기를 좀 더 나눠보았으면 좋겠구나. 창현이가 마음속에 품은 질문에 대한 답이 될 것 같아. 또 지금 우리가 어떻게 살아가야 할지에 대한 답도 될 것 같고.

이제 대도시에서는 오랫동안 볼 수 없었던 광경이 벌어졌다. 아이들이 길 한복판에 나와 놀고, 아이들이 비키길 기다릴 수밖에 없는 운전자들은 미소를 지으며 아이들을 바라보았다. 차에서 내려 아이들과 어울려 노는 사람도 있었다. 어디서나 사람들이 서서 다정하게 말을 주고받으며 서로의 안부를 자세히 물었다. 일하러 가는 사람도 창가에 놓인 꽃의 아름다움에 감탄하거나 새에게 모이를 줄 시간이 있었다. 의사들은 환자들 한 사람 한 사람을 정성껏 돌볼 시간이 있었다. 노동자들은 일에 대한 애정을 갖고 편안하게 일할 수 있었다. 이제 중요한 것은 가능한 한 짧은 시간 안에 가능한 한 많은 일을 하는 것이 아니었다. 저마다 무슨 일을 하든 자기가 필요한 만큼, 자기가 원하는 만큼의 시간을 낼 수 있었다. 시간이 다시 풍부해진 것이다.

일과 휴식, 그리고 놀이

창현 무심코 넘어갔던 부분인데 다시 읽어보니 멋진데요? 무슨 일을 하던 자기가 필요한 만큼, 자기가 원하는 만큼의 시간을 낼 수 있다니! 어쩌면 제가 꿈꿔왔던 세상일지도 몰라요.

아저씨 그렇지? 그렇다면 우리가 살고 있는 이 세상에선 무엇이 이런 꿈을 방해하고 있는 걸까? 좀 더 구체적으로 이야기해보자.

유림 미래를 준비한다, 성공하려면 이 정도는 해야 한다 등등 엄청 나게 많은 일을 강요받아요. 중고등학생들은 무조건 성적이 좋 아야 하고요. 대학생들은 학점을 잘 따야 하고, 자격증도 미리 준비해야 하고, 외국어까지 잘해야 된대요. 그래도 좋은 직장 을 얻을까말까 하고요. 그러다 직장인이 되면 또 업무 효율성 을 높이기 위해, 승진하기 위해, 더 좋은 곳으로 이직하기 위해 끊임없이 자기계발을 해야 하고요.

아저씨 아이고, 유림인 참 많은 이야길 들었구나. 그러면 원래 일은 왜 하는 걸까, 한번 생각해보자. 자기가 좋아하고 잘하고 즐기는 걸 통해 자신의 잠재력을 실현하고, 더불어 사회에서 인정받기 위해 일하는 게 애초의 목적이 아닐까? 물론 자본주의 사회니 까 돈을 벌어 생계를 꾸려가야 하는 문제도 있지. 그런데 『모 모』에서는 회색신사들이 나타난 다음 일에 대한 묘사가 달라 져. 어떻게 되었지?

유림 다들 너무나 바쁘고 무미건조하게 되었어요. 즐거움은 찾아볼 수 없고요. 자발적으로 일하는 게 아니라 일에 끌려다니고 파 묻혀 허덕이는 신세가 된 거죠. **채플린**의 영화 「모던 타임스」를 보면 채플린이 커다란 톱니바퀴에 끼어 자신의 의지와 무관하 게 왔다 갔다 하잖아요?

아저씨 일의 본질이 그렇게 변질되었다면 일과 짝을 이루는 휴식은 어떨까? 일을 많이 한 만큼 충분한 휴식이 보장되고 있을까?

찰리 채플린(좌), 「모던 타임스」의 한 장면(우)

창현 학생들 경우 휴식은 그저 다시 공부하기 위해 충전하는 시간 정도예요. 자유롭게 무언가를 한다거나 스스로 충분히 쉬었다고 느낄 만큼 휴식을 취하는 경우는 거의 없어요. 직장인들도 비슷하지 않을까요?

유림 창현이 네 말이 맞아. 내가 아는 한 충분히 쉰다고 말하는 직장인을 본 적이 없거든. 늘 힘들어 하고, 입만 열면 좀 쉬고 싶다고 하더라.

아저씨 그런데 말이다. 난 요즘에 '휴식도 일처럼 강요받고 있는 게 아닐까' 하는 생각을 하게 됐어. 얼마 전 주말에 유림이랑 야외로 나갔는데, 사람이 엄청 많더라고. 우리나라 가정의 가장들은 공휴일이나 주말에 아이들을 데리고 야외로 나가지 않으면 무슨 큰일이라도 나는 것처럼 모두들 교외로 나가더라. 모처럼 휴일을 제대로 보내기 위해 준비해서 나가서는 휴식은커녕 평일보다 더 고생하는 경우도 많아.

창현 큭, 저 어렸을 적 공휴일마다 놀러가자고 졸라댔던 게 생각나
네요. 그러면 아빠는 힘들다 피곤하다 하시면서도 가까운 공원
이라도 우릴 데리고 나가셨는데……. 지금 생각하니 참 감사한
일이에요.

아저씨 이야기를 들어보니 휴식이 편안히 쉬는 게 아니네. 너희 둘 혹
시 '도깨비 여행'이라고 들어봤어? 이게 뭐냐면, 주로 직장인들
을 위한 여행상품이라는데, 금요일 저녁에 시작해 월요일 새벽
에 끝나는 여행이래. 주로 해외를 다녀오는 코스가 대부분인데
쉬는 시간이 부족한 직장인들을 위해 개발된 여행상품이라더
라. 한편으론 이해도 되지만 왠지 씁쓸해. 뭐 우리 인생살이가
일하거나 쉬거나 혹은 식사하는 것밖에 없어 보여서 말이야.

창현 잠은 휴식이잖아요. 학생들 하루 일상이 먹고, 공부하고, 잠자
고…… 그 밖에 뭐가 있을까요?

아저씨 또 있지. 노는 거. 조금 어려운 말로는 여가. 혹시 '호모 루덴스'
란 말 들어본 적 있니? 놀이하는 인간이란 뜻인데, 인간의 특
징을 이렇게 규정한 사람은 **하위징아**야. 그는 놀이야말로 문
명을 발전시킨 원동력이라고 주장했지. 그런데 우리
인간들이 놀이가 갖는 중요성을 놓치고 있다는
거야. 놀이는 인간을 다른 동물종과 구별해주는
아주 중요한 차이인데 말이지. 생각해봐. 인간이
본능만 좇아서 생존에만 급급하다면 다른 동물과
무슨 차이가 있겠니? 하지만 생존을 넘어 여가를

요한 하위징아

갖고 놀이할 때, 비로소 창조적인 활동이 시작되고 인간 삶에 독특한 의미가 생기는 거지.

창현 '놀이하는 인간'이라고 해서 잔뜩 기대했는데, 좀 어려운데요?

아저씨 그래? 놀이는 재미있어야 하는데, 미안! 그래도 하위징아의 놀이 이론을 들어보면 재미있을걸! 아주 독특하게 인간을 설명하니까 말이다. 하위징아는 산업혁명 이후부터 제대로 된 놀이가 사라져갔다고 봐. 특히, 두 차례 세계대전이 그런 문제점을 적나라하게 드러낸 사례라고 주장하지. 하위징아는 놀이를 인간과 동물이 구별되는 문화를 낳는 원동력으로 파악한단다. 놀이는 노동이 아니라 즐기는 활동이거든. 일상과 분리된 특정한 시간과 공간에서 행해지는 거고. 또한 엄격한 규칙을 따른다는 특징도 있고 말이야. 고대 올림픽이나 좀 더 나아가 서로 한판 싸우게 되는 부족이나 국가 간 전쟁도 일종의 놀이일 수 있는데, 이러한 놀이로 인해 인류는 언어, 법체계, 국가 등의 문명을 발전시킬 수 있었다는 거야.

유림 어, 저는 전쟁도 놀이일 수 있다는 게 선뜻 이해되지 않는데요? 전쟁이 인간 문명의 일종이라고 본다면 놀이로 보는 것도 이상하지 않지만, 아빠가 말씀하신 두 차례 세계대전도 전쟁은 전쟁이잖아요. 그런데 놀이가 사라져서 세계대전을 겪었다니? 뭔가 앞뒤가 맞지 않는데요?

아저씨 흠, 좋은 지적이야. 하위징아가 이야기하는 놀이로서의 전쟁과 세계대전은 구별해야 해. 하위징아가 복원하고자 했던 놀이로서의 전쟁은 인간 존엄성을 바탕으로 한단다. 무차별적인 학살

「아이들의 놀이」, 대 피터르 브뤼헐, 1560년, 빈 미술사 박물관 소장

이 아니라 서로 엄격한 규칙을 정해놓고 치르는 전쟁 말이야. 아무리 적이지만 명예를 지키는 전쟁과 무자비한 살상이 난무한 세계대전은 완전히 다르다는 거지.

창현   그렇게 말씀하시니 조금 이해가 되네요. 『모모』에서도 아이들의 놀이가 차츰 달라지긴 했는데.

유림   맞아! 우선 마을에 문제가 생기기 전, 그러니까 평화롭던 시절의 아이들 놀이와 회색신사들이 지배할 때를 비교해보면 크게 달라진 게 보여. 왜 그런 장면 있잖아, 모모와 아이들이 아르고 호를 타고 모험놀이 하는 거. 어떤 아이는 너무 몰입한 나머지 이야기가 끝났는데도 진짜인 양 무척이나 아쉬워했잖아? 아이들은 그때까지만 해도 모모랑 같이 신 나고 재미있게 놀았지. 모모가 뭐 특별하거나 멋진 걸 제안하지 않아도 아이들은 모모만 있으면 이상하게도 기발한 아이디어를 새록새록 떠올렸고. 그래서 매일 새로운 놀이를 생각해내고 점점 더 멋진 놀이로 만들어갔지.

아저씨   그래, 그런데 회색신사들이 나타나 어른들의 마음을 움직인 다음부터 아이들의 놀이도 바뀌었지. 이름은 놀이시간인데 노는 게 아닌……. 혹시 어떻게 바뀌었는지 말해줄 수 있니?

창현   '펀치카드놀이'란 걸 했어요. 재미는 없지만 그건 상관없고, "유익한 게 중요하다"고 아이들이 말하죠. 그런데 이 놀이는 가장 빨리하는 아이가 이기는 게임이에요. 앞서 모모랑 놀 때와는 너무 다르죠.

아저씨   생존을 위한 노동이 아니라 즐기기 위한 활동, 일상과 분리된 특정한 시간과 공간에서 행하기, 엄격한 규칙을 따르기 등이 하위징아가 말한 놀이 원칙이야. 우리는 여기에 여럿이 함께해야 한다, 엄격한 규칙도 있어야 하지만 때로는 필요에 따라 변할 수도 있다는 점을 추가할 수 있겠지? 자, 어때? 이렇게 보면 모모와 함께했던 놀이와 회색신사들의 등장 이후 달라진 놀이가 좀 구분되지 않니?

유림   예, 그런 것 같아요. 그렇게 보면 요즘은 놀이다운 놀이가 거의 없는 것 같네요. 아이들은 놀 때조차 두뇌발달에 도움이 되는 놀이를 해야 된다고 강요받거든요. 학생들은 또 이기기 위한 스포츠나 혼자 노는 데 더 익숙하고요. 어른들에겐 취미생활이 노는 데 가까울 텐데……. 근데 취미 모임은 대부분 사교나 이익집단을 만들기 위한 수단으로 변하지 않았나요? 정말 무작정 마음 편히 노는 사람을 보면 다들 게으르고 한심하다고 말하잖아요!

창현   요즘엔 놀이다운 놀이가 없다는 얘기네? 알고 싶다, 정말! 나도 호모 루덴스로서 제대로 놀아보고 싶다고!

아저씨   창현아, 너 해커가 뭔지 알지? 우리는 대개 해커를 남의 컴퓨터에 불법으로 침입해서 자료를 바꾸거나 파괴해버리는 사람으로 알고 있잖아? 악성 바이러스나 만들어 유포시키고, 어두운 방에서 모니터 앞에 앉아 혼자 음흉하게 낄낄대는 그런 이미지를 떠올리지. 그런데 원래 해커는 함께 모여 컴퓨터로 놀고, 더 멋진 규칙을 만들어내는 놀이꾼이래. '해커'의 '핵(hack)'은 작업 과정 그 자체에서 느껴지는 순수한 즐거움 이외에는 어떤 건설적인 목표도 갖지 않는 프로젝트나 그 결과물이라는 뜻이거든. 어때? 조금 전 놀이의 기준에 거의 들어맞지? 반면 시스템을 망

쳐버리는 파괴자들은 해커가 아
니라 크래커(cracker)라고 해. 이제
놀이에 대한 감이 조금 오니?

남의 것을 파괴하면서 즐거움을
느끼는 크래커

창현　조금요. 그러고 보면 놀이동산에
는 정작 놀이가 없을 수 있고, 친
구들과 기타 치면서 여유를 즐기
는 게 진짜 놀이일 수 있겠네요?
유림아, 교과 공부도 놀이로 할 수 있으면 얼마나 좋겠냐! 하
지만 그건 불가능하겠지?

유림　아니야, 난 그렇게 생각하지 않아. 잘 노는 게 뭔지 곰곰이 생
각해보면 충분히 답을 찾을 수 있을 거 같은데! 창현아, 이번
기회에 함께 공부놀이를 시도해볼까?

창현　워워, 난 아직 감이 안 와. 집에 가서 좀 더 생각해볼게. 그런데
이야기를 나누다 보니 궁금한 게 생겼어. 『모모』의 원서 제목
은 "모모, 시간도둑과 사람들에게 빼앗긴 시간을 돌려준 아이
의 이상한 이야기"라고 했잖아? 그리고 또 이야기를 읽다 보면
회색신사들이 시간을 저축하라고 하거나, 시간을 관장하는 호
라 박사, 30분 이후의 미래만을 알려줄 수 있는 거북이 카시오
페이아 등등…… 시간과 관련된 표현이나 내용이 많아. 제목부
터 이야기 속에까지 말이야. 그렇다면, 시간이란 뭘까?

유림　이럴 수가……. 아빠와 잠깐 이야기를 나눴다고 이렇게 어려운
질문을 할 줄이야. 사실 『모모』에서 시간 이야기를 뺄 수는 없
어. 내 생각에 시간은 '되돌리지 못하는 선물' 같아. 그러니까

그냥 기쁘게 받아서 누려야 하는 거지. 『모모』에서는 회색신사가 시간을 애써서 자기 것으로 만들라고 유혹하지만 어디 사람들이 시간을 마음대로 조종할 수 있니?

'모모' 시간도둑과 사람들에게 빼앗긴 시간을 돌려준 아이의 이상한 이야기

아저씨 '되돌리지 못하는 선물'이라니……. 와, 대단한 비유인데! 멋지다, 멋져! 『모모』에서 회색신사들이 바라보는 시간과 모모와 호라 박사가 이야기하는 시간은 사실 아주 달라. 그 둘이 어떻게 다른지는 지금 답하지 않을래. 이건 좀 어렵거든. 하지만 너희 둘은 틈 날 때마다 계속 생각해봐라.

창현 에이, 알려주시지. 음……, 아저씨와 이야기를 나누다 보니 제가 스스로 생각해보는 것도 좋은 일인 것 같네요. 아무튼 이렇게 이것저것 미처 생각지 못한 것들을 알게 해주셔서 참 즐거웠어요. 모모란 친구를 소개해주셔서 감사합니다.

아저씨 즐거웠다니 다행이다. 나도 창현이 너를 만나 참 즐거웠다. 나는 말이야, 모모가 애써 회복시켜준 세상을 또다시 회색신사들에게 점령당한 요즘 세상을 지키고 싶단다. 잠시 잠깐 꿈이라 해도 계속해서 꾸면 그게 현실이 되는 게 아닐까? 하하, 아이고 또 어려운 말을 던졌구나! 다음에 또 만나자.

나는 이제부터 '모모' 친구 '나나'이다!

집에 돌아왔다. 나를 돌아본다. 나는 하고 싶은 게 아무 것도 없었다. 대부분 '그래야 할 것 같아서' 했을 뿐이다. 열심히 한다 해도 어른들이 만족하지 않을 것 같았다. 만일 무엇인가를 시도했다가 실패하면, 나는 그 좌절감을 어떻게 감당할 수 있을까? 이런 생각에 그냥 남들을 따라 한 것 같다.

그런데 이젠 용기를 내어보고 싶다. 모모가 두려움을 벗어났듯이 나도 열일곱 살 '나나'로 재탄생하는 꿈을 꾼다. 나나는 바로 나다. 나나는 스스로 자신을 찾는다. 나나는 자신을 이해하고 나나만의 목표를 가지려 한다. 누구와 비교하지 않고 스스로 찾는 목표를 갖는다.

나나가 되어 다시 돌아와 생각해보면 사실 객관적으로 달라진 건 거의 없다. 그러나 자율학습이 정말 내가 스스로 원해서 하는 자율학습인지, 학원에 다니는 게 정말 내가 원하는 공부를 하기 위해서인지 곰곰이 생각해보게 되었다. 만약 이 모든 게 강제적인 거라든지 점수 따기에 급급해서 하는 거라면 한 번쯤 용기를 내어 부모님께 이야기해볼 생각이다.

그런데 다른 고민도 생겼다. 공부와 학교생활을 놀이로 할 수는 없을까, 하는 거다. 교실에서 이렇게 놀아보는 건 어떨까 상상해본다. 문학은 내 감정을 노래로 부르는 거고, 철학은 인생 궁금증을 수수께끼로 푸는 것이며, 과학은 새로운 것을 만드는 마법이다. 그러면 공부도 놀이가 될 수 있지 않을까? 아, 그런데 기타 치기는 어쩌지? 그래, 그냥 치고 싶을 때 치자. 재미있어서, 좋아서 꾸준히 치다 보면 길이 있을 것이요, 그렇지 않더라도 내가 그 시간을 실컷 즐긴 것만으로도 충분하니까.

내게는 아직 풀리지 않은 수수께끼가 남아 있다. 시간의 정체! 시간은 대체 뭐지? 한번 가면 다시는 안 오는 것이 시간인데, 저축할 수 있는 것도 아닌데……. 그런데도 굳이 시간을 아껴 쓸 필요가 있나? 무엇으로 나의 시간을 채워야 하나?

유림이 아빠를 떠올려본다. 처음에는 실업자 정도로만 여겼는데 어쩌면 자신이 좋아하는 일을 재미있게 놀이로서 하는 진짜 자유인일지도 모른다. 내가 그토록 바라던 삶을 실제로 살아가고 있는 분인지도 모른다. 난 아저씨와 이야기를 나누면서 모모를 만난 기기나 베포 할아버지, 그리고 아이들이 어떤 느낌이었을지 실감할 수 있었다. 그러니 나도 '진짜 모모'를 만났다고 떠들어댈 수 있겠다!

우리는 '진짜 놀이'를 잃어버렸다

"하고 싶은 일은 앞으로 3년만 참고 하자", "이건 대학가서……" 등등 고등학생이 되고 나니 여기저기서 이런 다짐들이 들려온다. "10분 더 공부하면 미래의 배우자의 얼굴이 바뀐다"는 농담도 있다. 그 정도로 지금 우리 사회는 미래를 위해 시간을 아끼고 공부하며 일한다. 학생들뿐만 아니라 대학생이나 직장인도 마찬가지다. 다들 정신없이, 무언가에 쫓기듯 살아간다. 잠을 아껴 항상 피곤하다.

우리는 바쁠 때 흔히 "시간이 없다"고 말한다. 하지만 아무리 시간을 아껴도 여유는 생기지 않는다. 지금 당장 하고 싶은 일을 참고 할 일을 계속 성실히 하다가도 어느 순간 생각해보면 내가 의미 없이 살아가고 있는 것 같을 때가 많다. 분명 시간을 아껴서 효율 높은 일, 의미 있는 일에 투자하고 있는 것일 텐데 말이다. 결국 투자한 만큼의 미래가 왔을 때에도 우리는 다시 시간을 '또 다른 미래'를 향해 아낀다. 정말 이상한 일이다. 아껴 온 시간은 있는데, 누릴 시간은 자꾸 줄어들기만 하다니!

물론 아끼지 말아야 할 시간도 있다. 친구와 수다 떨기, 옆 사람에 대한 관심, 친구나 가족의 고민을 듣는 시간, 좋아하는 사람을 만나는 시간, 휴식 시간 등……. 일의 논리에서만 보자면 이런 시간들마저 효율이 떨어지고 가치가 없는 것처럼 느껴진다. 그래서 가장 의미 있는 시간이 도리어 가장 먼저 버려지는 시간으로 둔갑하기도 한다. 이런 시간들이야말로 제대로 된 놀이이고 정말로 중요한 시간들인데! 의미 없다고 여겨 아끼는 시간이 실은 삶의 의미를 만드는 시간들인데! 우리는—나도 마찬가지지만—대개 삶을 위해 이런 시간들을 버려야 한다고 말한다. 하지만 아이러니하게도 우리의 삶을 버티게 하는 것들은 쓸모없다 여겨졌던 이런 시간들이지 않은가?

가만 보면, 학생부터 직장인에 이르기까지 우리나라 사람들 모두의 삶에는 마치 일만 있는 것 같다. 하지만 우리는 놀이 없이는 살 수 없는 종족이다. 인간이기 때문이다. 제대로 된 놀이를 할 수 없어서 진짜 놀이는 자꾸 엇나간다든지, 예전에는 전쟁도 확장된 놀이의 일종이었다는 하위징아의 말이 충격적이기도 하지만, 잘 생각해보면 요즘 아이들이 학교폭력을 일종의 놀이로 여긴다는 것도 실은 제대로 된 놀이가 실종된 탓 아닐까?

— 조현정 학생의 글

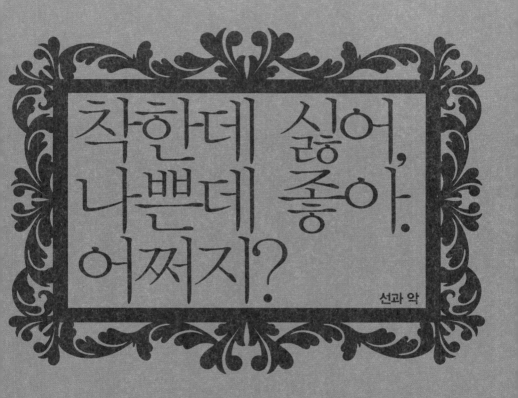

착한데 싫어,
나쁜데 좋아.
어쩌지?

선과 악

'선'은 언제나 선이고, '악'은 언제나 악일까?

우리 학년 아이들은—나 역시도— 누군가를 '까는' 데 즐거움을 느낀다. 그리고 시간이 흐르고 나면 자신이 나빴다고 그 순간을 기억한다. 이렇게 보면 선과 악은 분명하게 나누어져 있는 것 같다. 하지만 '뒷담'과 '따' 시키기가 지금 이 순간 나와 연결되어 있을 때는 선과 악의 판단이 불분명하다. 예를 들어 아이들이 옆에서 X를 놀리고 있다고 치자. 그 순간 내가 X를 놀리는 일에 동조하지 않는다는 것은 곧 친구들과의 교류를 포기하는 것, 즉 '악'이다. 그 순간만큼은 다른 애들과 함께 X를 놀리는 것이 '선'이다.

악이라는 것은 시대의 흐름에 따라 뒤바뀌는 개념이다. 한때 기독교는 그것을 믿는다는 이유만으로 처형당했을 만큼 악이었다. 하지만 지금은? 또한 예전에는 국가의 이익이 개인의 자유보다 우선했다. 지금은 어떤가?

그런데 문제는 모든 일의 초점이 '나'를 향할 때다. 특히 악이라고 여겼던 것들이 나를 향하게 되면 이야기가 달라진다. 내가 놀림의 대상이 되었을 때, 나는 단지 아이들이 나쁘다고 생각할 뿐이다. 왜 저럴까? 저 아이들에게 선한 마음이 사라진 것일까? 이성적 판단은 사라지고 악한 본성만 남은 것일까? 하지만 '그 아이들' 입장에서는 그것이 '선'이고 합리적인 생각일 수도 있다. 물론 나중에 자신의 행동이 나빴다고 반성할 수 있겠지만.

모든 사람이 언제나 착한 사람을 좋아하는 걸까? 오히려 착한 면과 나쁜 면을 함께 갖고 있는 사람을 더 좋아하지 않을까? 자신과 가장 친한 친구를 생각해보자. 그런 친구란 분명 나와 가장 많은 것을 공유하는 아이, 즉 '그때의 그 순간'을 같이 즐겼던 아이일 것이다. 만약 내가 누군가를 비난할 때 동조해주지 않는 아이가 있다면 나는 과연 그를 좋아할 수 있을까? 내 친구들은 늘 '선'하다고 말할 수는 없지만 나와 많은 것을 공유했다. '그 순간'에 나와 생각과 느낌, 행동을 같이했다. 그래서 나는 그들을 좋아한다.

* * *

이 글을 페이스북에 올렸더니, 며칠 후 철학쌤이 수업이 끝난 후 조용히 나를 부르셨다. 선생님은 "요즘 선과 악에 대한 판단이 혼란스러운 모양이다"라고 하시면서 「다크 나이트」라는 영화를 보라고 추천해주셨다. 「다크 나이트」는 배트맨이 주인공으로 나오는 영화인데, 선과 악에 대해, 인간의 심리에 대해 생각할 거리를 많이 던져준다는 것이다. 그리고 영화를 본 후 얘기를 나눠보자고 하셨다.

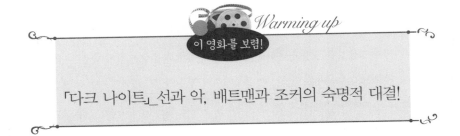
「다크 나이트」_선과 악, 배트맨과 조커의 숙명적 대결!

「다크 나이트(The Dark Knight)」는 조커와 배트맨이 고담 시에서 '인간의 본성이란 무엇인가?'를 두고 벌이는 숙명적 대결을 다룬 영화다. 조커는 인간의 본성은 악하다고 믿는다. 자신의 생존을 위협받거나 사랑하는 사람을 잃는 극한 상황에서 악한 본성이 나타난다고 생각한다. 그래서 그는 선량한 척하는 사람들이 위선을 떤다고 생각하여 그들을 극한 상황으로 몰아넣는다. 반면 배트맨은 고든 경찰국장과 협력하여 조커를 비롯한 악당들의 위협에서 고담 시민들의 안전을 책임지고 나아가 배트맨 같은 '다크 나이트'가 필요 없는 고담 시를 만들고자 한다.

그 대결의 중심에는 '투 페이스의 하비'로 불리는 검사, 하비 덴트가 있다. 배트맨과 고든은 하비 덴트를 '정당한' 방법으로 고담 시를 수호하는 '백기사(White Knight)'로 만들려고 한다. 법과 제도의 틀 밖에서 은밀하게 고담 시를 수호하는 배트맨의 방식에 한계를 느꼈기 때문이다. 반면 조커는 선량하고 정의를 수호하고자 하는 하비 덴트를 악의 구렁텅이에 빠트림으로써 인간의 본성은 '악'하다는 것을 증명하려 한다. 하비 덴트는 처음에는 백의 기사로서 대부분의 조폭들을 가두는 데 성공하지만, 조커의 계략에 의해 얼굴의 반쪽이 타버리고 연인 레이첼을 잃자 악의 길을 선택하게 된다.

조커, 배트맨, 하비 덴트

　마침내 하비 덴트가 고든의 아들을 쏴 죽이려는 찰나, 배트맨이 나타나 이를 저지하고, 하비 덴트는 건물에서 떨어져 죽는다. 그러나 배트맨은 하비 덴트가 악의 구렁텅이에 빠졌다는 것을 숨기고 하비 덴트를 고담 시의 영웅으로 만들려고 한다. 그래서 자신이 하비 덴트를 죽인 범인임을, 그리고 하비가 저지른 모든 죄를 뒤집어쓰길 자청한다. 이는 인간의 본성을 시험하는 대결에서 조커가 승리했다는 것을 시민들에게 은폐하기 위함이었다.

　이렇게 해서 배트맨은 스스로 '흑기사(The Dark Knight)'가 되어 고담 시의 시민들이 인간의 본성은 '선'하다는 믿음을 포기하지 않도록 돕는다.

　며칠 후 나는 철학쌤을 찾아가 두 시간 넘게 이야기를 나누었다.

도대체 선과 악을 가르는 기준이 무엇일까?

배트맨이 기존 슈퍼히어로 영화의 주인공과 다른 점은?

철학쌤 「다크 나이트」 재미있었니?

수하 예, 너무 재미있어서 한 번 더 봤어요. 처음 봤을 땐 사건의 흐름을 따라가기에 급급했는데, 두 번째 보니까 비로소 사건의 흐름이나 각 장면의 의미가 눈에 들어오더라고요.

철학쌤 조커를 보면서 어떤 생각을 했어? 조커는 자신의 재미와 쾌락만을 위해 살아가는 것 같지 않니?

수하 예, 어쩌면 저와 친구들이 보였던 모습과도 통하는 것 같아요. 그런데 조커의 모습을 보니까 순간의 쾌락을 중심으로 선악을 판단하는 데엔 아무래도 한계가 있어 보여요.

철학쌤 그래? 그럼, 화제를 바꿔볼까? 배트맨은 슈퍼히어로를 다룬 기존 영화의 주인공과 많이 달라. 네 생각은 어때?

수하 우선 슈퍼맨은 괴력을 지니고 있고, 스파이더맨은 거미처럼 끈끈이 줄도 쏘고 벽에도 마음대로 달라붙을 수 있는데, 배트맨한테는 그런 초인적 능력이 없어요. 또 다른 히어로 영화에서는 거의 모든 주인공이 영웅 대접을 받잖아요. 그런데 배트맨은 고담 시의 시민들이 알아 주고 우러러 보는 영웅이 되지 못해요. 엔딩 순간까지 시민들 앞에서 자기 정체를 밝히지 못하고 정의의 사도(?)인 하비 덴트를 죽인 악당을 자임해 쫓기듯 고담 시를 떠나죠. 예전 애인이었던 레이첼도 죽고~. 그런 비극적 최후를 맞은 슈퍼히어로는 처음 봐요.

일반적인 슈퍼 히어로들과 전혀 다른 최후를 맞는 배트맨

철학쌤 눈썰미가 예리한데~. 하지만 현실에선 공동체에서 버림받는 영웅이 드물지 않지. 조선을 설계했다는 정도전도 반역죄로 처형당했고, 쇠락해가는 명나라와 뻗어가는 후금 사이에서 중립 외교로 나라의 살 길을 도모했던 광해군도 명분과 의리를 저버린 나쁜 군주로 취급받지 않았니? 또 프랑스를 영국의 침략에서 구한 잔 다르크는 마녀로 몰려서 화형을 당했잖아. 그런 점에서 「다크 나이트」는 우리가 영웅으로 받드는 사람이 진짜 영웅일까, 또 역사 시간에 나쁜 놈, 죽일 놈이라고 배우는 사람들이 과연 그렇게 나쁜 사람일까 하는 물음을 던지게 해주는 영화라 할 수 있어.

선과 악을 가르는 기준은 무엇일까?

철학쌤 그런데 나는 이런 점도 주목했단다. 바로 배트맨이 선한 행동만 하지 않는다는 점이야. 예를 들면 위기에 빠진 고담 시를 구하기 위해 라우를 중국에서 납치해온다거나 고담 시민들을 도청하는 것처럼 불법적인(나쁜) 일을 자행한다는 거지.

수하 아, 그러네요. 다른 영화에서는 주인공이 대체로 도덕적으로 흠잡을 데가 없는 행동만 하는데, 배트맨은 그렇지 않았잖아요. 그런데 도대체 무엇이 선이고 무엇이 악일까요? 선과 악을 가르는 절대적 기준이 과연 있는 걸까요?

철학쌤 윤리학의 가장 근본적인 물음을 던지기 시작했구나. 바야흐로 '철학함'을 시작했다는 징후일세. 흠, 어디 한번 같이 이야기해볼까? 도덕적 원리나 법칙의 기원을 인간의 경험에서 찾는 철학자들이 있어. 이들을 **경험주의**자라 부르는데, 그중 대표적 사상가인 **흄**은 선과 악을 객관적 실재가 아니라 인간의 주관적 느낌의 문제라 보았어. 다시 말해 선하다, 악하다는 판단은 우리가 어떤 행위를 바라볼 때 느끼는 쾌감이나 불쾌감을 표현한 데 불과하다는 거지. 흄에 따르면, 우리는 대체로 사회적으로 유용한 행위에 대해 쾌감을 느끼는데, 그 이유는 우리가 타인의 행복이나 불행을 마음속으로 함께 느끼는 공감(sympathy) 능력을 갖추고 있기 때문이래.

데이비드 흄의 초상

수하 　 흄은 그럼, 우리의 경험을 떠나 그 자체로 선하거나 악한 행위는 존재할 수 없다고 본 건가요? 그렇다면 배트맨이 조커의 행방을 찾기 위해 고담 시민들을 도청한다거나 라우를 중국에서 납치한 일도 꼭 나쁘다고 볼 수만은 없겠네요.

철학쌤 　 그래. 흄의 주장은 오늘날에도 상당한 영향력을 미치고 있는 공리주의 윤리의 모태가 되었는데, 공리주의에 따르면 네가 말한 배트맨의 행위도 옳은 거야.

수하 　 어~, 정말요? 공리주의에 대해 좀 더 자세히 설명해주세요.

어떤 행위가 선한지 판단하려면 그 행위로 인해 초래된 쾌락의 합이 고통의 합보다 큰지 계산하라!

철학쌤 　 경험주의자들은 "모든 인간은 각자 자신의 쾌락을 추구하고 고통을 회피하려 한다"는 사실을 중시해. 영국의 철학자 **벤담**은 이 사실로부터 인간에게 쾌락을 가져오고 고통을 줄여주는 것이 선(good)이고, 쾌락을 감소시키거나 고통을 가져오는 것이 악(bad)이라는 결론을 이끌어냈지. 또 행복을 쾌락이 있고 고통이 없는 상태라 정의내리고 인생의 궁극적 목적을 행복이라고 주장했어. 그런데 벤담은 여기서 한 걸음 더 나갔어. 벤담이 살았던 18~19세기는 산업

공리주의 철학의
중심 인물 벤담

혁명과 더불어 자본주의가 발전하던 시대였는데, 빈부격차가 장난이 아니었거든. 너, **빅토르 위고**가 지은 『레 미제라블』이란 소설 읽어보았니?

수하 소설은 못 읽어봤고 영화를 봤어요.

철학쌤 그럼, 당시 가난한 사람들이 어떻게 살았는지 좀 알겠네.

수하 저는 장 발장이 굶주리는 조카들을 위해 빵 한 조각을 훔치다가 무려 19년이나 감옥살이를 했다는 게 믿기지 않았어요. 또, 팡틴느가 애인에게 버림받고 딸을 혼자 키우기 위해 몸을 팔아야 했다는 것도요.

철학쌤 그래, 현재 우리의 눈으로 보면 이해하기 참 어렵지. 이런 시대 상황 속에서 많은 지식인들은 이기적 개인들이 어떻게 사회 속에서 공존할 수 있을까를 고심했어. 고민 끝에 벤담은 개인적 차원의 행복주의를 사회적 차원으로 확대했지. 그는 개인들이 모여 사회를 이루니까 개개인의 행복은 사회 전체의 행복과 연결된다고 보았어. 즉 지위나 재산, 학식과 상관없이 더 많은 사람이 행복을 누리게 되는 것은 그만큼 더 좋은 일이라고 생각한 거지. 그래서 이른바 '최대 다수의 최대 행복'을 도덕과 입법의 원리로 제시했어. 또한 모든 쾌락과 고통에는 질적 차이란 없고 오직 양적 차이만 있다고 주장하면서 쾌락을 계산할 수 있는 구체적 기준[6]을 제시했지.

---

6 얼마나 강한가?(강도) / 얼마나 오래 지속되는가?(지속성) / 얼마나 확실한가?(확실성) / 얼마나 빨리 얻을 수 있는가?(근접성) / 얼마나 반복적으로 얻을 수 있는가?(생산성) /얼마나 쾌락이 부작용 없이 순수한가?(순수성) / 얼마나 많은 사람에게 미치는가?(범위)

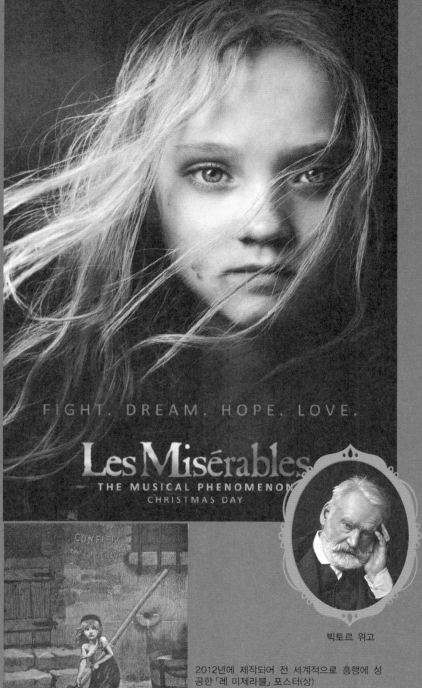

빅토르 위고

2012년에 제작되어 전 세계적으로 흥행에 성
공한 「레 미제라블」 포스터(상)

최초판 『레 미제라블(1862)』에서 에밀 바야드
가 그린 '어린 코제트'의 초상(하)

수하   그럼, 배트맨의 도청이나 납치 행위가 도덕적으로 옳은 이유는 그 행위가 더 많은 사람들에게 쾌락을 가져오고 고통을 감소시키기 때문이라는 건가요?

철학쌤   당근이지. 너의 추론 능력도 일취월장하는구나. 공리주의는 어떤 행위의 옳고 그름을 판단할 때 약속을 지켜야 한다, 살인을 해서는 안 된다, 거짓말을 해서는 안 된다…… 등등의 도덕법칙을 지키려 했느냐(동기)를 묻기보다 그 행위가 가져온 쾌락과 고통의 양(결과)을 더 중요하게 여긴단다.

수하   민주주의를 채택하는 국가나 조직이 다수결에 의해 의사 결정을 하는 것도 공리주의와 같은 이유겠죠? 그러면 우리가 어떤 아이를 따돌리거나 뒷담을 까는 것도 공리주의적 관점에서 보면 문제될 게 없겠네요. 한 명이 고통스럽기는 하겠지만 다수가 행복할 수 있으니까요.

철학쌤   벤담의 쾌락 계산법에 따르면 왕따는 모르겠지만 뒷담 정도는 괜찮을 성싶네. 공리주의는 실제의 고통을 줄이고 쾌락과 행복을 증진시키는 것을 중요한 윤리적 과제로 삼고 있기 때문에 빡빡하지 않고 당면한 현실 문제를 해결하는 데 유용한 사상이야. 하지만 그 논리를 적용하다 보면 우리의 도덕적 직관에 부합하지 않은 행위, 예를 들면 다수의 이익을 위해 소수를 희생시키는 행위도 정당화하게 된다는 걸 약점으로 꼽을 수 있지.

결과가 중요한 게 아니야~,
도덕 법칙엔 예외가 있을 수 없어!

수하 친구들을 '따' 시키거나 '빵 셔틀' 시키는 행위들은 아무리 봐도 나쁜 것 같은데요. 이런 행동의 부당함을 지적할 수 있는 이론도 있지 않을까요?

철학쌤 그럼, 있고말고. 딱 **칸트**가 떠오르네. 칸트의 '의무론'을 한번 보자. 칸트는 인간이 자연법칙의 지배를 받는 동물을 넘어설 수 있는 것은 바로 우리 마음속에 도덕법칙이 있기 때문이라고 봤어. 그런데 '빵 셔틀'을 시키는 게 나쁘다는 걸 알면서도 친구들과 함께 있는 상황에서 내가 그걸 반대하기는 어렵잖아? 그러니까, 현실에서 도덕법칙을 따르려면 나한테 편하고 즐거운 일만 하려는 본능적 욕구를 극복해야 돼. 바로 이 때문에 도덕법칙은 우리에게 명령 또는 의무의 성격을 띠게 되지. 이제 칸트의 윤리설에 왜 의무론이란 명칭이 붙었는지 알겠어?

이마누엘 칸트

쾨니히스베르크(현 러시아 칼리닌그라드)에 세운 이마누엘 칸트의 동상

수하   예, 선생님. 그럼, 칸트가 말한 도덕법칙에는 어떤 것들이 있나요?

철학쌤   칸트는 우리에게 구체적인 도덕법칙을 제시하지 않았어. 대신 우리가 어떤 행위를 하고자 할 때 항상 보편적 관점에서 판단할 것을 요구했지. 예를 들어 학급에서 만만한 애를 왕따 시키려고 할 때, "만일 모든 사람이 나처럼 만만하다고 생각되는 애를 왕따 시키면 어떻게 될까? 그리고 왕따를 당하는 애가 나라면 어떻게 될까?"를 생각해보라는 거지. 이런 유명한 말이 있단다. 아마 너도 들어봤을걸?

"네 의지의 격률이 언제나 동시에 보편적 입법의 원리가 될 수 있도록 행위하라. 너 자신과 다른 사람의 인격을 결코 수단으로만 대하지 말고 언제나 동시에 목적으로 대하도록 행위하라."
–이마누엘 칸트, 『실천이성비판』에서

칸트가 생각한 도덕법칙은 어떤 다른 목적을 달성하기 위한 수단이 아니라 그 자체가 목적인 무조건적 명령이란다. 그러니까 개인의 행복이나 최대 다수의 최대 행복도 결코 도덕에 우선하는 목적이 될 수 없는 거지.

수하   이제 좀 알 것 같아요. 의무론의 관점에서는 고담 시민의 안전과 행복을 위한 것이었다 하더라도 배트맨이 라우를 납치해온다거나 고담 시민의 전화 통화를 도청한 일은 옳지 못한 행위로군요. 다수가 즐거움을 느낀다고 해도 소수가 고통을 당하니까 왕따나 뒷담은 부당한 행위가 되는 거고요.

철학쌤 나이스 캐치!! 공리주의가 도덕을 물렁물렁하게 만들었다면 칸 트의 의무론은 도덕의 '각'을 세운 셈이야. 그리고 다수의 이익 을 위해 소수의 권익을 침해할 소지를 막았다는 데 그 의의가 있다고 할 수 있어.

딜레마 상황의 해법

수하 칸트는 도덕법칙의 예외를 인정하지 않겠네요. 그런데 "거짓말 을 하지 마라"는 도덕법칙을 무조건적으로 따르다 보면 문제 가 많을 성싶은데요. 예를 들면 못생긴 친구가 제게 "내 얼굴 정말 못생겼어?"라고 물어볼 때도 진실을 말해야 하나요?

철학쌤 선의의 거짓말도 나쁜 것인가를 묻는 거구나. 칸트는 도덕법칙 의 예외를 허용하면 도덕법칙의 권위가 실추되고 사회는 혼란 상태에 빠질 거라고 봤단다. 그리고 립 서비스를 해준다고 해 서 그 친구가 행복해질지는 알 수 없다고 했을 거야. 오히려 자 신의 외모가 비호감인 걸 알면 내면을 가꾸기 위해 더 피나게 노력할 수도 있고, 아니면 성형 수술을 통해 외모를 업그레이 드할 수도 있다고 생각하지 않았을까?

수하 그래도 너무 꼰대(?) 같아요.

철학쌤 나도 그렇게 생각해. 그래서 칸트의 의무론을 지지하는 학자 들 가운데도 약간의 융통성이 필요하다고 보는 이들이 있단 다. 앞서 말한 상황도 다른 시각에서 볼 수 있다는 거지. "친

구의 마음에 상처를 주지 마라"는 도덕법칙과 "거짓말을 하지
마라"는 도덕법칙이 충돌하는 상황이라고 보면 그 해법이 나
오지 않을까?

수하 두 개의 도덕법칙이 충돌하는 상황이라……. 그럼, 도덕법칙들
간에 순위를 정하면 될 것 같아요. 저라면 "친구의 마음에 상
처를 주지 마라"는 도덕법칙의 순위를 더 높이 매기겠어요. 못
생긴 친구에게 못생겼다고 말하면 저도 가슴이 아파요.

철학쌤 빙고~. 또 다른 해법도 있단다. 진실을 말하지도, 거짓말을 하
지도 않는 방법. 이른바 '클린턴 화법'이라고도 하는 건데, 별
로 권장하고 싶지는 않아.

'악의 화신' 조커는 어떻게 탄생했을까?

수하 선생님, 전 이 영화를 보면서 조커의 행동을 잘 이해할 수 없
었어요. 보통 악당들은 돈이나 권력, 혹은 미인을 얻기 위해
나쁜 일을 하잖아요. 그런데 조커는 그런 것 같지가 않아요.
돈 다발도 불살라버리고. 그의 유일한 목적은 고담 시를 혼란
에 빠트리고, 선량한 사람들을 악의 구렁텅이에 빠트리는 데
있는 것처럼 보여요.

철학쌤 원래 성실하게 살아가던 코미디언이자 평범한 가장이었던 조
커가 악의 화신으로 돌변한 이유가 무엇일까?

수하 궁금해서 인터넷을 뒤지다가 이런 사실을 알게 되었어요. 조커

는 우연히 직장을 잃은 후 아내와 뱃속의 아이를 위해 열심히 일하다가 자신이 과거에 일했던 화학공장을 '터는' 일에 가담하게 되었어요. 가담했다고는 하지만 그는 그저 주동자들의 손에 이끌려 공장 경비들의 동선을 일러주는 정도였죠. 그런데 '거사일' 전날, 그만 사소한 감전 사고로 아내가 죽었다는 소식을 접하게 돼요. 조커로서는 범행에 가담해야 할 이유가 사라진 거죠. 하지만 애초부터 조커에게 모든 죄를 뒤집어씌울 생각이었던 주동자들은 그를 협박하여 유명한 악당인 '레드후드'로 위장시킨 뒤 범행 현장까지 끌고 가요. 그리고 마침 레드후드를 쫓고 있던 배트맨이 그곳에 나타나죠. 정신없이 쫓기던 조커는 그만 화학약품 통에 빠져버리는데, 한참을 허우적대다 바깥으로 기어나온 그의 피부는 이미 하얗게 변해 있었고, 머리칼도 초록색으로 물들어 있었다고 해요. 사고로 아내와 뱃속의 아이도 잃고, 악당들의 협박에 못 이겨 범행을 저지르고, 배트맨에게 쫓기다가 외모가 괴물로 변해버렸다는 건데, 이것만으로 평범한 사람이 '악의 화신'이 될 충분한 이유가 될 수 있을까요? 저라면 세상에 대해 분노하고 저주를 퍼붓다가, 그리고 제 운명에 대해 절규하다가, 우울증에 걸렸을 것 같은데…….

조커

철학쌤 그럼, 너는 조커가 '악의 화신'이 될 성품을 타고났다고 생각하니?

수하 그건 아니고요. 아무래도 환경의 영향이 크지 않을까 생각해요. 사실 배트맨도 어린 시절 부모님이 강도에게 살해당했잖아요. 그렇지만 그의 아버지는 훌륭한 분이셨고 집안도 부유했죠. 그래서 그는 악을 응징해야겠다는 사명감을 품게 된 것 같아요. 반면에 조커는 아버지가 엄마와 자신을 자주 폭행했고, 그러다 보니 세상에 대한 분노가 안에 많이 쌓였을 것 같아요.

철학쌤 너처럼 인간의 성품이나 행동을 성장기의 환경이나 경험과 관련지어 설명하는 것을 '환경 결정론'이라고 해. 그런데 요즘엔 생명공학이 발달하면서 유전적 요인을 강조하는 학자들도 많이 있단다. 이들은 생명체들의 모든 특징이나 기질은 물론, 인간의 행위 방식, 심지어 성품까지도 유전자에 의해 결정된다고 주장하지. 참, 사이코패스(psychopath)란 말 들어봤니?

수하 그럼요. 사이코패스란 흉악한 범죄를 저지르고서도 양심의 가책을 전혀 못 느끼는 사람들을 말하는 것 아니에요? 연쇄 살인범의 90% 이상이 사이코패스라는 걸 텔레비전에서 본 적이 있어요. 연쇄 살인범 유영철도 사이코패스 진단을 받았다고 들었고요.

철학쌤 사이코패스[7]는 1920년대에 독일의 심리학자 슈나이더가 처음

---

7 반사회적 인격 장애를 앓고 있는 사람.

소개한 개념[8]이야. 성격 탓으로 타인이나 자신이 속한 사회를 괴롭히는 정신병질을 가진 사람을 뜻하는데, 공감능력이 없고 충동적이며 자기중심적이고 나쁜 짓을 저지르고 나서도 죄의식을 못 느끼는 특성을 보인단다. 미국에서 연구한 결과에 따르면 사이코패스는 인구 100명당 1명꼴이래. 연쇄 살인범이나 상습 성폭행범에게서 사이코패스의 극단적 특성을 볼 수 있지만 변호사, 의사, 대기업 간부 등 전문직 종사자나 여성, 청소년, 어린이에게서도 사이코패시(psychopathy)[9]가 나타난대. 그러니까 사이코패스 중 극소수만 교도소에 있고, 나머지 대부분의 사이코패스는 우리와 함께 정상인의 얼굴로 살아가고 있는 셈이지.

수하　그 얘길 들으니까 왠지 소름이 돋는데요. 제 친구들 중에도 사이코패스가 있을 수 있다는 거잖아요. 그런데 도대체 사이코패스의 원인은 뭐예요?

철학쌤　학자들에 따라 의견이 갈리고 있어. 어떤 학자들은 뇌의 이상이나 유전자의 결함으로 사이코패스가 된다고 주장하고, 또 다른 학자들은 가정과 사회 환경이 그들을 사이코패스로 만

8　1920년대 독일의 심리학자 쿠르트 슈나이더는 사이코패스를 반사회적 인격 장애증을 앓고 발정·광신·자기현시·의지결여·폭발적 성격·무기력 등의 특징을 지닌다고 규정했다. 환경적으로는 어린 시절부터 부모의 비일관적인 양육이나 학대, 착취, 폭력, 유기를 지속적으로 경험한 경우가 많다. 미국 브르크하멜 연구소는 사이코패스의 경우 감정을 지배하는 전두엽 기능이 일반인의 15%밖에 되지 않아 다른 사람의 고통에 무감각하고 양심의 가책을 느끼지 않는다고 분석했다.(지영환 경찰청 대변인실 소통담당·한국범죄심리학회 이사, 한국일보, 2012.10.04.)

9　정신병, 정신병질 자체를 이르는 말.

든다고 주장해. 『진단명 : 사이코패스』의 저자 로버트 헤어 박사에 따르면 사이코패스는 타고나지만 그 발현 양상은 후천적인 환경에 의해 결정된다고 해.

수하   로버트 헤어 박사의 의견을 좀 더 쉽게 설명해주세요.

철학쌤   헤어 박사에 따르면 사이코패시를 가진 사람이 일상화된 폭력을 접하며 자랄 경우, 그들은 나중에 폭력 성향이 심각한 범죄자가 되기 쉬워. 반면 정상적인 가정에서 안정적인 보살핌을 받고 자랄 경우, 다소 인간성이 나쁘다는 평판을 듣기는 해도 사회적인 성공을 누리며 살아갈 수도 있어. 물론 자신의 욕망을 위해 주변 사람들을 끊임없이 괴롭힌다는 면에서는 큰 차이가 없겠지만 자신의 욕구를 법적·사회적 제재를 벗어나지 않는 방향으로 조절할 수 있다는 면에서 성장 환경은 매우 중요하다고 볼 수 있지.

수하   그렇담, 조커를 이렇게 해석할 수 있을까요? 조커 안에 사이코패스가 될 성향이 잠재해 있었는데, 성장 과정에서 그리고 어느 날 끔찍하게 안 좋은 일을 겪으면서 세상에 대한 원망과 미움이 커져 사이코패시가 극단적인 양태로 발현됐다고. 그렇게 보면 조커는 가해자이자 피해자이기도 한 것 같아요.

철학쌤   그래, 언젠가부터 흉악범 이야기만 나오면 그들의 반사회적 인격 장애에 초점을 맞추어 그들을 사회에서 영원히 격리시켜야 한다는 목소리가 높아졌어. 그런데 "경쟁만을 가르치는 사회에서 사이코패스의 존재는 필연적일 수밖에 없다"고 한 헤어 박사의 말에 귀 기울일 필요가 있어.

수하 그 말을 들으니까 생각나는 친구가 한 명 있어요. 나름대로 공부도 열심히 하고, 제 마음도 잘 알아주는 아이였거든요. 그런데 성적 문제로 그 어머니가 심하게 친구를 간섭했어요. 그 친구가 어머니 얘기를 저한테 종종 했는데, 그때는 그런 어머니의 마음을 이해한다고 했거든요. 다 자기가 잘됐으면 하는 마음에서 그러시는 거라면서. 문제는 그 친구가 사귀는 애가 있었는데 너무 열심히 연애를 해서인지 성적이 많이 떨어졌어요. 그랬더니 친구 어머니께서 친구 보고 그 여자애랑 헤어지라고 말씀하셨어요. 친구가 그래도 말을 안 들으니까 어머니께서 사귀는 애 어머니를 찾아갔대요. 그랬더니 여자애 어머니가 친구한테 찾아와서 헤어지는 게 서로에게 도움이 될 것 같다고 했대요.

철학쌤 그래서 어떻게 됐어?

수하 친구도 어쩔 수 없다고 생각했는지 헤어졌어요. 그 후론 공부만 하면서 저랑 얘기도 잘 안하게 됐어요. 그리고 얼마 전 제가 수학 책을 잃어버렸는데, 알고 보니 그 친구가 가져간 거였어요. 제가 좀 수학을 잘했거든요. 아무래도 내신 때문인 것 같고…… 원래 되게 친했는데, 잘 모르겠어요. 친구 어머니의 잘못이라고만 볼 수는 없겠죠. 이 부분이 조커의 변신과도 일맥상통하는 것 같아요.

철학쌤 안타까운 일이네. 그럼, 조커 이야기를 더 해볼까?

그림자는 우리의 '어두운 형제'

수하   그런데 저는 조커보다도 정의의 사도였던 하비 덴트가 악인으로 돌아선 게 정말 납득 안 돼요. 배트맨 때문에 레이첼이 죽었다는 조커의 말 한마디에 그렇게 휙 돌아서다니⋯⋯.

철학쌤   좋은 의문이야. 그런데 하비 덴트를 이해하려면 아무래도 보다 정교한 심리학 이론이 필요할 것 같구나. 분석심리학을 창시한 카를 **구스타프 융**은 의식에서 자아(ego)가 자리 잡고 있는 것과 대칭되는 모습으로 무의식에는 그림자가 있다고 했어. 그림자는 자아와 정반대되는 성격을 갖고 있는데 그 사람의 자아가 선량하고 고결하다면 그 사람의 그림자는 악해. 그 반대일 수도 있고.

1909년 클라크 유니버시티에서 지그문트 프로이트와 융. 아랫줄 왼쪽이 프로이트, 아랫줄 오른쪽이 카를 구스타프 융이다.

"더러운 이 세상에 유일하게 믿을 건 운뿐이야. 편견도 없고, 치우치지도 않고 공평하지."

수하 로버트 스티븐슨이 지은 『지킬 박사와 하이드 씨』에 나오는 하이드 씨는 지킬 박사라는 훌륭한 인격체 뒤에 숨은 '그림자'가 되겠네요?

철학쌤 맞아. 너도 그 책을 읽었구나. 지킬 박사는 선량하고 관대한 신사지만 밤이 되면 자신의 욕망을 충족시키기 위해 파렴치한 짓을 저지르고 심지어는 살인까지 범하는 하이드 씨가 되지.

수하 작가가 지킬 박사의 어두운 분신에게 '숨다'라는 뜻을 지닌 'hide'와 같은 발음이 나는 하이드(Hyde)라는 이름을 붙인 것도 그런 메시지를 읽어달라는 뜻이었을까요?

철학쌤 등장인물의 이름에 담긴 의미까지 생각하다니, 대단한데! 융에 따르면 인간은 본래 동물이야. 먹고, 자고, 자기 영역을 확장하고, 자기 생명을 보존하여 훗날까지 이어가려고 투쟁하는 본능을 갖고 있다는 뜻이지. 그런데 본능을 앞세우다 보면 약육강식의 정글이 되고 마니까, 인간은 도덕과 법을 만들어 다른 사람과 어울려 살게 된 거야. 어린아이를 한번 떠올려봐. 애들은 원래 이기적이고 난폭해. 너도 중학교 때 약한 애를 친구들과 함께 놀리는 데서 쾌감을 느꼈다고 했지? 그것이 인간의 본래 모습이야. 그러나 아이들은 성장하면서 본능을 억제하고 사회에 적응하는 법을 배우게 돼. 그렇게 학습된 것들이 의식에 있는 자아나 페르소나[10]를 만들어내고, 억압된 본능이나 욕

---

10 고대 그리스의 연극에서 배우들이 쓰는 가면을 가리킨다. 구스타프 융은 이를 개인이 사회 속에서 맡은 지위나 역할에 따라 겉으로 보여주는 인격이란 의미로 사용한다.

망은 무의식에 내려가 그림자에 자리를 잡는 거지. 그러니까 겉으로 드러난 인격(자아나 페르소나)이 훌륭하고 도덕적이면 도덕적일수록 반대로 그림자도 그만큼 발달하는 거라고 볼 수 있어. 수하야, 융의 그림자 이론을 가지고 하비 덴트의 행동을 스스로 해석해보렴.

수하 하비 덴트는 고담 시의 검사로서 정의와 법을 수호하려 했잖아요. 배트맨과 고든이 그를 고담 시의 '백기사'로 만들려 했을 정도로요. 그런 만큼 하비의 무의식에는 반도덕적이고 반사회적인 충동이 더 강하게 숨 쉬고 있었을 것 같아요. 융에 따르면 하비 덴트뿐만이 아니라 우리 각자의 내면에도 그림자가 있다는 얘기인데……, 하비 덴트처럼 악인으로 전락하지 않으려면 어떻게 해야 될까요?

철학쌤 그림자를 무조건 부정하거나 억압하지 않아야 해. 살아야겠다는 욕망도, 뭔가를 열심히 하겠다는 의욕도 다 그림자에서 비롯된 것이거든. 한편으로 그림자는 예술적 창조력의 원천이 되기도 하지. 그러니까, 자신에게 소유나 지배욕, 공격 본능, 분노, 불안, 질투, 두려움 같은 어두운 감정도 있다는 것을 인정하고 이를 잘 보살펴야 해. 융은 "자신의 욕망과 감정에 솔직해지지 않으면 결코 그림자를 의식할 수 없다"고 말했단다.

수하 혼자서 고민하자니 막연했는데, 이렇게 「다크 나이트」란 영화를 보고 선생님과 얘기를 나눠보니, 좋네요. 감사합니다!!

선과 악, 그리고 나의 그림자

친구들과 ○○에 대해 뒷담을 할 때, 그리고 친구들과 함께 X를 놀릴 때 나는 속으로 찜찜하면서도 은근히 재미를 느꼈다. 선생님의 얘길 듣고 나니, 인간 속에 있는 공격 본능 같은 게 남을 헐뜯거나 괴롭히는 걸 즐기게 만든 것 같다.

그런데 공리주의는 어떤 행위가 선한지 악한지 판단하려면 그 행위로 인해 초래된 쾌락의 합이 고통의 합보다 큰지 계산하라고 한다. 이 입장에 따르면 뒷담이나 '따도, 심지어는 배트맨의 도청이나 납치 행위도 선한 행위로 판단할 수 있다. 이렇게 되면 내가 그랬듯 약자를 괴롭히거나 피해를 주는 일이 많이 발생할 것 같다. 또, 소수의 피해자는 억울함을 풀 방법도 없을 것 같고…….

이제 어떤 행위가 선한지, 악한지 판단할 때 아무래도 칸트의 의무론을 적용해야 할 것 같다. 칸트의 의무론이 딜레마 상황에서 힘을 못 쓸 정도로 뻑뻑한 건 사실이다. 하지만 그것을 융통성 있게 적용한다면 누군가의 인권을 침해하는 일은 없을 것이다.

정작 문제는 나에게 있다. 친구들이 누군가를 놀리거나 뒷담을 할 때 그것에 동조하지 않을 용기가 나에게 있을지…….. 어쩌면 친구들도 본능과 도덕 사이에서 갈팡질팡하고 있을지 모른다. 그렇다면 친구들도 선과 악에 대해 판단할 기회를 갖도록 도와야 하지 않을까? 이 문제에 대해서도 선생님과 얘기해봐야겠다.

그런데 내게 또 하나의 새로운 고민거리가 생겼다. 융의 '그림자 이론' 이야기를 들었기 때문이다. 나의 구질구질하고 못된 점들을 받아들이는 것, 상대방의 장단점을 있는 그대로 받아들이는 것. 말로 하긴 정말 쉽지만 실천하기는 정말 어려운 것, 바로 '있는 그대로 인정하기'다.

공부 잘하는 애, 글 잘 쓰는 애, 말 잘하는 애, 잘생긴 애, 운동 잘하는 애…… 수없이 많은 '잘하는' 애들 사이에 있는 나. 그런 내가 상대방의 장점과 나의 구질구질함을 인정한다는 것은 너무 어렵다. 겉으로는 "너 진짜 축구 잘한다", "공부 잘해서 좋겠다", "너 진짜 예쁘다"고 쉽게 말하지만 사실 속마음은 그렇지 못하다. 끓어오르는 질투심과 열등감은 내가 나 자신조차 있는 그대로 인정하지 못한다는 사실을 느끼게 해 더욱 더 나를 비참하게 만든다.

도대체 이런 감정들을 어떻게 '인정'할 수 있는 것일까? 나는 친구들과 나를 '있는 그대로' 받아들일 수 있을까? 내 감정에 솔직해지기 위해서 나는 무엇을 해야 할까?

선악에 대한 판단은 절대적일 수 없다

이 글을 읽으면서 내 안의 그림자와 욕망에 대해서 생각해보았다. 선과 악은 분명 완전히 분리되어 있다고 보기 쉬우나, 한편으로 햇빛이 나를 비추면 그 반대쪽은 그림자가 지듯 둘은 따로 떨어져 있는 듯 보여도 사실은 그렇지 않다. 사람도 그렇지 않을까? 그리고 나 자신은? 내가 뭔가를 욕망하고 행동하는 그 행위의 차원에서 내가 바라보는 나와 타인이 바라보는 나는 대체로 다를 수밖에 없다. 그러한 차이가 갈등을 만들고 그 갈등은 인간관계에도 영향을 미친다. 선과 악은 이러한 상황에서 도덕적 윤리나 입장을 두고 판단을 내리게 한다. 그리고 그러한 판단을 토대로 우리는 행동하고 성찰한다.

우리의 무의식 속 그림자와 겉으로 드러나는 인격과 행동이 분명 다른 경우가 매우 많을 것이다. 정말 상대를 좋아해서 다가가는 경우도, 어떤 외부의 압력에 의해 타인과 행동을 같이하는 경우도 있을 것이다. 또 옳고 그름에 있어서 선과 악의 판단은 상대와 나 자신의 가치관에 의해 결정되는 행동의 결과에 대한 성찰의 의미에서 드러나는 것이지, 절대적으로 선은 옳고 악은 그른 것이라고 판단을 내리는 것 또한 조심해야 하는 부분이 아닌가 생각된다.

사람은 사회적 동물이다. 그 안에 어떤 본능과 욕망이 있든, 겉으로 어떤 페르소나와 맨 얼굴을 보여주든 사람은 모두 타인, 넓게 보면 사회와 관계를 맺으며 그 안에서 행복을 찾는 존재이다. 그런 특성을 고려한다면 공리주의, 의무론과 같이 인간의 도덕성과 선·악에 대한 가치 판단은 절대적인 것이 아니다. 우리가 타인과 관계를 맺고 사회의 구성

원으로서, 독립된 자아로서 살아감은 결국 우리가 사회적 존재임을 자각시킨다.

만약 우리의 행위 판단이 결국 본질적으로 내 안의 욕망과 도덕적 법칙이 충돌하는 데서 비롯하는 것이라면 우리의 생각은 상대와의 소통을 통해서 극단적인 선택보다는 더 좋은 방향을 선택하는 쪽으로 우리를 이끌 것이라고 생각한다.

– 오승엽 학생의 글

논리만이 아니라 용기도 필요하다

선과 악을 따지고 그것을 지켜 행동하는 것은 매우 어려운 일이다. 특히 악이라고 생각되는 사람이 나와 아주 친할 경우, 더욱 그렇다.

친한 친구 A가 있었다. 나와 많은 시간을 공유했고 실제로 서로에 대한 신뢰도도 가장 높은, 정말 친한 친구 중에 친한 친구였다. 그 친구가 내게 X라는 친구가 싫다며 그 이유를 논리적으로 설명했다. 그저 무작정 싫어하는 것이 아니라 이유가 있어서 그 친구를 싫어하는 것이라서, 싫어할 만도 하다고 생각했고 친구가 댄 근거는 내가 멀리서 X를 보면서 느낀 점이기도 해서 A의 말에 동조해주기도 했다. 이때 나에게 X를 싫어한다고 얘기하는 A는 선이었다. X를 괴롭히는 것도 아니었고 그저 나한테 싫은 이유를 꾸준히 말했을 뿐이다. 점점 A의 이야기에는 X의 실제 행동이 아니라 A의 약간 악의적인 추측도 들어갔지만 별로 문제될 게 없어 보였다. A의 논리적인 근거 아래에서 X는 부조리한 행동을 하며 주위 사람들을 힘들게 하는 사람이었으니까 A의 추측도 대부분 맞을 거라고 생각했다.

시간이 조금 지난 후, X와 친해졌다. X의 생각을 듣고 X의 행동을 가까이서 보았다. 그리고 X의 행동에 어떤 이유들이 있었는지를 알게 되면서 그동안 A가 펼쳤던 논리에 추측과 편견이 난무했다는 걸 깨닫게 되었다. 더 놀라운 것은 내가 그런 편향적인 논리를 타당하게 느꼈다는 점이다. 이제 보니 X는 내가 A의 이야기를 들으면서 생각해오던 그런 애가 아니었다.

며칠 뒤 A는 습관처럼 내 앞에서 다시 X의 이야기를 했다. 여전히 비슷한 논리였다. 이제 X의 행동에 대한 이유를 아는 나에게는 X의 이야기가 빈틈도 많고 다분히 악의적인 것으로 보였다. 그리고 처음으로 A가 악일지도 모른다는 생각을 하게 됐다. X와 가까워진 지금의 나는 A의 이야기에 어떤 반응을 보여야 할지 고민 중이다.

X와 나는 A와 나만큼 친하지 않다. 그리고 X의 행동 중에는 몇몇 부조리한 부분도 물론 있다. 하지만 A의 논리는 너무나도 악의적이다. A의 의견에 반응하지 않기에는 A와의 친밀함을 유지하고픈 마음이 있고, 반응하자니 X와 함께한 시간과 신뢰를 무너뜨리고 X를 배신하는 것 같아서 찜찜하다. 꼰대가 되느냐, 뒤통수치는 친구가 되느냐의 문제로 번진 것이다.

위 글에서 철학 선생님은 도덕적 순위를 정하라고 했다. 그래서 벤담의 쾌락 계산법을 이용하여 동조하는 것과 하지 않는 것 중 어느 쪽에서 나의 쾌락이 크게 계산될지 고민해 봤다. 결론적으로 "A의 논리에 동조하지 않는 것이 고통이 덜하고 쾌락이 더 많다"이다. A의 논리에 동조하지 않는다면 당장의 분위기는 어색해지겠지만, 나와 A의 사이에 정말 깊은 신뢰 관계가 형성되어 있다면 그런 논리 하나쯤 동조하지 않는다고 해서 관계가 깨지지는 않을 것이다. 또한 X와의 관계도 계속 유지할 수 있으니 내가 얻는 쾌락은 더 높아질 것이다. 고통보다 쾌락이 큰 선택이 되는 셈이다. 이것은 당연한 답이다. 다만 내게 용기가 부족하여 답을 피하려고 했을 뿐 아닐까?

사실 모든 도덕 문제는 논리로 해결이 가능한 것 같다. 쾌락 계산법의 빈틈을 칸트의 의무론으로 채우는 것처럼 논리적으로 생각하면 모든 도덕 문제의 교과서적인 해결법이 나올 수 있을 것이다. 하지만 그렇게 나온 해결법을 실행할 수 있는 용기는 어떤 문제인 가에 따라서 많이 필요할 수도, 적게 필요할 수도 있다. 도덕 문제의 어려움이 여러 갈래로 나뉘는 것은 이 같은 이유 때문이 아닐까?

— 허민영 학생의 글

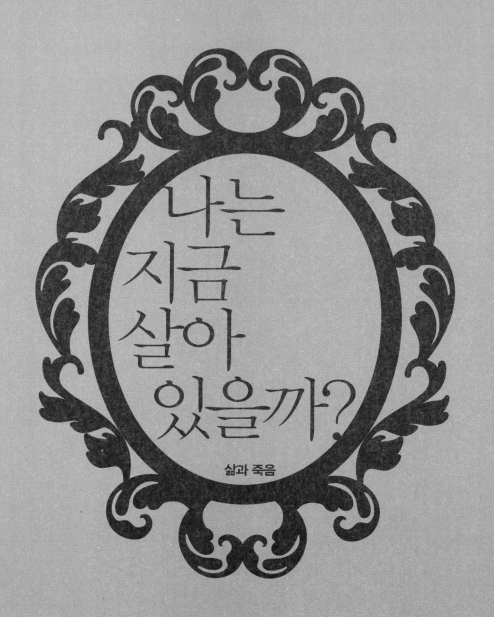

나는
지금
살아
있을까?

삶과 죽음

고민
있어요!

죽음은 공포다!

아침부터 TV 뉴스가 떠들썩하다. 아파트 화재사고로 많은 사람이 다치고 죽은 탓이다. 사망자와 부상자의 이름과 나이가 화면에 자막으로 지나간다. 연일 왜 이런 사고들이 터지는지에 대한 분석이 흘러나온다.

문득, 10년 전 그날이 떠올랐다. 따르르릉~. "아침부터 울리는 전화기 소리는 영 반갑지 않은데……" 하며 엄마가 전화를 받을 때까지만 해도 집안은 조용했다.

"예? 뭐라고요? 여보, 지금 텔레비전 좀 켜봐요. 상영이 아빠가 사고 났대요."

아빠는 허겁지겁 텔레비전을 켰다. 260여 명이 탄 비행기가 추락한 최악의 사고였다. 막내 삼촌을 교통사고로 잃은 아빠는 망연자실한 표정으로 뉴스를 바라보았다. 사망자의 이름이 자막을 통해 나오고 있었지만 삼촌의 이름은 없었다. 그렇다고 병원에 간 부상자 명단에서도 이름은 발견되지 않았다. 아빠, 엄마는 바로 할아버지 댁으로 떠났고, 나는 잠이 덜 깬 동생과 함께 멍하니 뉴스만 바라보았다. 서너 시간쯤 지났을까? 생존자 명단에 삼촌의 이름이 뜬 것을 보고 그제야 안도의 한숨을 내쉬었던 기억이 났다. 비행기는 단 26명의 생존자만을 남긴 채 사라졌다.

몇 달 후, 수차례의 수술 끝에 간신히 몸을 회복한 삼촌을 만났다. 목과 어깨에는 수술자국이 선명하게 남아 있었다. 그 정도면 다른 사람에 비해 아주 경미한 수준이란다.

비행기는 두 동강이 났다고 했다. 그런데 두 동강 난 지점이 다행히 삼촌 좌석 바로 앞이어서 몸이 튕겨져 나오는 바람에 살았다고 한다. 옆 좌석에 원래 아무도 안 탔었는데 사고가 나기 전 식사를 준다기에 옆 사람이 잠시 자리를 비웠다고 말하고는 2인 분을 받아먹은 덕에 살았던 것 같다며 삼촌은 허허 웃었다. 그 모습이 정말 생소했다. 죽음의 문턱까지 갔다가 살아온 사람치고 정말 아무렇지도 않아 보였다. 벌써 10년이 넘은 지금, 삼촌은 그때의 일을 기억하고 계실까?

문득 삼촌께 연락을 드리고 싶어졌다. 오랫동안 연락하지 않아 좀 쑥스러웠지만 생각난 김에 얼른 문자를 보냈다.

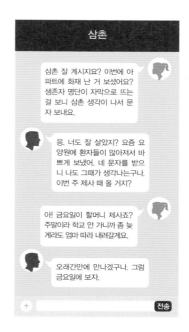

불탄 아파트에 있었던 사람들은 사고를 당하기 전에 무슨 일을 하고 있었을까? 삼촌처럼 밥을 잔뜩 먹고 있던 사람도 있었을까? 그렇게 허무하게 죽게 될 거라는 걸 아무도

몰랐을 텐데. 살아 있는 건 무엇이고, 죽는다는 건 또 뭘까? 이런 저런 생각이 들어 SNS

에 짤막한 글을 남겼다.

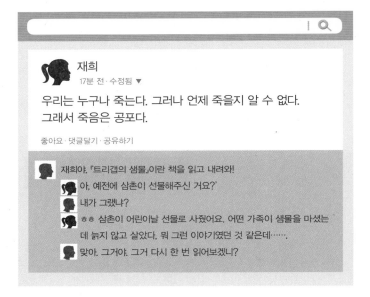

『트리갭의 샘물』[11]_영원히 살면 행복할까?

'트리갭'이라는 마을의 숲에는 어떤 샘 하나가 있다. 그 샘물은 마시는 사람에게 영원한 생명을 안겨주는 마법의 샘물이다. 아주 오래전 우연히 그 샘물을 마시게 된 터크 가족은 다른 누구도 그 물을 마시지 못하도록 몰래 감춰두었다.

오랜 시간이 지나 바깥으로 돈을 벌기 위해 나갔던 아들 제시가 돌아오면서 샘물을 마시는 모습을 '트리갭의 숲'의 주인 가족의 딸 위니가 보게 된다. 위니가 제시를 따라 샘물을 마시려는 순간 제시와 그를 마중 나온 터크 가족이 위니를 납치하여 그들의 집으로 데리고 간다. 그들은 위니에게 샘물을 마신 후 자신들의 삶이 어떻게 변했는지 설명하고, 샘물을 누구에게도 알리지 말고 마시지도 말라고 간곡하게 부탁한다.

그 장면을 목격한 이가 있었으니 샘물

2002년에 개봉된 「터크 에버래스팅」의 주인공 위니와 제시

---

11 트리갭의 샘물, 나탈리 배비트 저, 최순희 역, 대교출판, 2002. 원제는 'Tuck Everlasting'으로 제이 러셀이 메가폰을 잡아 2002년 10월 미국에서 개봉되었다.

을 찾아 헤매던 노란 옷을 입은 남자였다. 그는 위니를 볼모로 잡고 샘물이 있는 장소를 묻는다. 터크 가족은 위니의 안전과 샘물이 널리 퍼지는 것을 막기 위해 그를 죽이게 된다.

노란 옷을 입은 남자, 그의 정체는 무엇일까?(좌)
위니를 찾으려는 포스터 가의 수색으로 터크 가족의 비밀은 점점 위협을 받는다.(우)

위니는 그들이 좋은 마음에서 그런 행동을 했음을 알고 감옥에서 탈출할 수 있도록 도와준다. 그리고 얼마 뒤, 위니는 제시가 준 샘물병을 들고 계속 고민을 하게 되는데……

삶은 죽음과 함께 있다

죽음이 두려워요

삼촌 죽는 게 무섭냐?

재희 예?

삼촌 지난번 문자 연락 주고받고 네가 SNS에 '죽음은 공포다'라고 써놓았잖아.

재희 아, 삼촌이 그런 것까지 보시는 줄은 몰랐어요. 엄마아빠한테는 비밀이에요. 그런 이야기를 했다는 걸 알면 또 꼬치꼬치 캐물을 테니까. 사실 저 요즘 고민이 많아요. 이번 화재 사고로 사람이 많이 죽었잖아요. 세월호 사건도 있고요. 또래 친구들이 죽는 걸 보고 '언젠가는 나도 죽게 되지 않을까' 하는 두려움이 생겼어요. 친구들이랑 죽음에 대해서 이야기한 적이 있는데 가까운 사람들이 죽은 경우가 꽤 되더라고요. 원래 죽음에 대해선 별 생각 안 하고 살았는데, 요즘 갑자기 '죽으면 어쩌나?' 하는 생각이 자주 들어요.

삼촌 이번 사고 때문에 죽음에 대해 공포심이 생긴 모양이구나. 이상한 게 아니지. 사람은 누구나 죽음에 대한 공포를 가지고 있거든. 죽음의 공포야 말로 인간을 인간다운 삶으로 만들었다고 주장하는 사람들도 있으니까. 죽음의 공포로부터 벗어나기 위해 문명이 생긴 것이라고 보는 문화학자들도 있고, 죽음의 공포가 소비를 촉진하므로 이를 적절히 이용해야 한다는 경제학자들도 있어.

재희 죽기 전에 돈을 다 써야겠다고 생각해서 소비가 늘어나는 건 알겠는데…… 어떻게 죽음의 공포가 문명을 만든다는 거죠?

삼촌 『죽음의 부정(不定)』[12]이란 책을 쓴 어네스트 베커에 따르면 인간은 굶어 죽지 않기 위해서 농사를 시작했고, 얼어 죽지 않기 위해 의복을 만들기 시작했고, 아픔으로부터 벗어나기 위해 의학을 발달시킨 거래. 누구나 죽기를 싫어하고 죽음으로부터 달아나고 싶어 한다는 것이 그 책의 기반이지. 그렇지만 생각해봐. 사람은 죽지 않을 수 없잖아? 결국 죽음의 공포를 이겨내려는 마음이 문화를 만든다는 것이지. 그런데 말이야, 왜 우리는 죽음에 공포를 느끼게 되는 걸까?

재희 언제 죽는지 몰라서 그런 것 아닐까요? 죽음을 준비할 수가 없으니까요. 갑작스럽게 죽게 되면 못 한 일들도 많고 미뤄둔 일도 많은데 얼마나 억울하겠어요? 설령 죽는 것 자체가 두렵지 않더라도 사랑하는 가족들이 죽으면 평범했던 일상이 없어

---

12 죽음의 부정 : 프로이트의 인간 이해를 넘어서, 어네스트 베커 저, 김재영 역, 인간사랑, 2008. 비문학 분야 퓰리처 수상(Pulitzer Prize) 작. 죽음 인식에 대한 문제를 심층적으로 가장 잘 보여주는 '죽음과 관련된 현대의 고전'이다. 죽음에 대한 생각, 죽음에 대한 공포 그 이상의 의미를 다루면서 죽음의 공포와 깊게 연결된 인간의 깊은 내면 분석에 집중한 작품이다.

지는 거잖아요! 제가 어느 날 갑자기 죽으면 가족들도 다 저를 그리워하며 괴로워할 거고요. 전에 삼촌이 사고 당했을 때 모두들 얼마나 마음 졸이면서 생존자 명단을 바라보았던지!

삼촌   어쩌면 '이대로 헤어질 수 없다, 살아야 한다'는 소망이 나를 살렸을지도 몰라.

재희   삼촌, 사고 나던 당시가 기억나세요?

삼촌   물론이지. 죽을 때까지 결코 잊지 못할 거야. 지금도 비행기를 탈 때마다 얼마나 가슴이 조마조마한데. 그때 기체가 흔들리다가 무언가에 쿵 하고 부딪치고 비행기가 바로 두 동강이 났거든. 그러면서 몸이 붕 뜨는가 싶더니 기억을 잃었어. 눈을 떠보니 아주 소란스러운 병원 안이었지. 오감 중에 가장 먼저 깨고, 가장 나중에 사라지는 게 청각이라더니, 진짜로 다른 건 감각이 없는데 청각만 남아 있더라고. 그래서 기체가 흔들리고 기체가 부딪칠 때 사람들이 비명 지르던 거, 병원에서 들었던 울음소리, 그런 게 생각 나.

재희   제가 만약 그런 일을 겪었다면 전 자꾸만 그 생각이 나서 완전 힘들었을 거 같아요. 아! 죽음의 공포는 죽기 바로 직전의 상태에 있는 게 아닐까 싶어요. 육체의 고통 같은 거요.

삼촌   그렇다면 육체의 고통만 없다면 죽음은 더 이상 두렵지 않은 것이 될까?

재희   아, 그런 건 아니고요. 죽고 난 다음도 두려움의 대상이죠. 죽고 난 다음에 다시 살아난 사람이 없으니 그 뒤의 세계를 알 수 없잖아요? 정말 지옥이나 천당에 가게 되는지 아니면 다시 환생하게 되는지도 알 수 없고요. 이게 그러니까, 말로 표현하기 어려운데……, 한마디로 말하면……, 아! 예측하기 어렵다는 것, 이것 때문에 불안에 떨게 되는 게 아닐까요?

삼촌   예측불가능성이라. 오, 멋진데? 물론 사후세계를 체험한 사람들이 있기야 하지만 그 이야기들이 '과학적'으로 증명된 것은 아니니까 100% 인정할 수는 없어. 비록 문화와 상관없이 그 경험이 비슷하더라도 말이야. 더구나 우리 문화는 죽음을 무척 금기시하잖아? 예를 들어 임신한 사람들은 아주 가까운 사람이 아니면 장례식장에 가지 못하게 해. 장례식장에서 나쁜 귀신이 붙는다나?

재희   그러고 보니 어렸을 때 삼촌이 자주 해주던 무서운 이야기가 생각나네요. 밤에 공동묘지를 지나가는 이야기나 귀신 이야기요. 원한이 있어서 구천을 떠도는 귀신…… 이런 걸 생각하면 정말로 무서워요.

삼촌   하하. 그때 너, 울면서 화장실도 같이 가자고 했잖아? 어쨌든 네 이야기에 따르자면 죽음이란 건 죽음에 이르기까지, 죽음 그 자체, 그리고 죽은 이후 모두가 두렵다는 거로구나. 그럼 우리 아예 죽음으로부터 달아나보자. 『트리갭의 샘물』 다시 읽어 봤니?

재희   그럼요!

만약 영원히 죽지 않는다면?

삼촌 이야기 속 터크 가족은 늙지 않을뿐더러 심지어 총에 맞거나 칼에 베어도 상처가 금세 아물어버려. 당연히 죽지도 않고. 만약 이들처럼 영원히 죽지 않을 수 있다면 어떨까? 넌 샘물을 마실 거야?

재희 죽지 않는다……, 영원히 산다……. 우선 굉장히 좋을 것 같아요. 책을 읽으면서도 그런 생각을 한 적이 있어요. 저는 아직 제가 잘하는 것이 무엇인지 잘 모르거든요. 그런데 영원히 살 수 있다면 이것저것 다양한 일들을 해볼 수 있을 거 아니에요? 여러 가지 하다 보면 제가 가장 잘할 수 있는 일도 찾게 되겠지요. 세계 방방곡곡을 다니면서 여행도 하고요. 「별에서 온 그대」의 도민준처럼 다양한 직업도 갖고 부자로도 살 수 있을 거예요.

삼촌 막내아들 제시의 생각과 비슷하구나. 제시는 자신이 가지고 있는 시간을 맘껏 누리고 싶어 했지. 그래서 "이 세상 곳곳을 돌아다니면서 온갖 것을 구경하고 다니는 거야. 어머니, 아버지는 우리가 가진 이 시간을 즐길 줄 몰라. 인생이란 즐기기 위한 거잖아. 만약 그렇지 않으면 이 많은 시간이 다 무슨 소용이야?"라고 말했지.

재희 제시의 생각에 전적으로 동의해요. 우리는 그때그때 즐기는 것을 잊은 채 살아가고 있는걸요. 어른들은 대학 가면 할 수 있으니 뭐든지 우선 참으라고 말하고. 또 대학생이 된 언니에게는 취직하면 할 수 있으니 또 참으라고 하고. 언제 즐겁게 살 수 있는지 모르겠어요. 영원히 살 수 있다면, 혹은 영원히 살 수 없다고 해도 자기 시간을 즐길 수 있어야 하잖아요.

삼촌 좋아. 샘물을 마신다고 가정하고, 질문 하나를 더 던져줄게. 샘물은 몸뿐만 아니라 정신 연령도 그대로 멈추게 하잖아. 그럼 넌 몇 살이 되면 마실 거야?

재희 17살인 지금? 아니 너무 어려요. 아이도 낳고 키워야 하니까 40살은 넘어야 하려나? 그건 너무 많은가? 사실 오래 산 것은 아니지만 한 살 한 살 나이가 먹고 나면 예전에 왜 그렇게 아기같이 굴었을까 하고 부끄러울 때가 있거든요. 나이를 먹으면 먹을수록 현명해질 텐데……. 아니다, 나이가 너무 많아지면 육체가 마음대로 안 되니까 그것도 좀 생각해볼 문젠데요? 음……, 한 28살쯤이 좋겠어요. 그 정도면 좀 안정적일 것 같아요. 그리고 그 샘물을 제가 아는 사람들에게 다 먹일 거예요. 삼촌도요!

삼촌 나한테도? 왜?

재희 아까 말했잖아요. 내가 사랑하는 사람들이 죽는 건 공포라고요. 그러니까 내가 알고 있는 모든 사람들이 다 나와 함께 살아가는 거죠.

삼촌 할아버지, 엄마, 아빠도, 언니도, 다 이 상태로 멈추게 한다 이거지? 그런데 만약에 네가 결혼해서 아이를 낳는다면?

재희 그 아이한테도 먹일 거예요. 어라? 그런데 자칫 잘못하면 저랑 나이가 같거나 많아질 수도 있겠는데요? 그건 좀 이상한데!

이렇게 하면 영원히 친구 같은 아이가 생겨날 것만 같아요. 계속 누군가에게 샘물을 먹여야 하고요.

삼촌　하하. 사실 우리가 영원히 살 수 있으면 좋겠다고 상상하는 이면에는 아주 큰 조건이 달려 있어.

재희　조건이요?

삼촌　그래. 이런 경우를 상상해봐. 나이가 계속 들어서 몸은 계속 늙어가. 헌데 죽지는 않아. 그렇다면 세상은 어떻게 될까? 사람들은 영원히 살고 싶어 할까?

재희　아~, 그건 너무 끔찍해요. 그럼, 거리에는 모두 노인들뿐이겠네요. 상상할 수 없을 만큼 나이가 많은 사람들로 가득하겠지요? 젊은 사람들은 나이든 사람들을 부양해야 할 의무가 더 커질 테고요. 노인 입장에서 보았을 때도 젊었을 때와 달리 몸이 마음대로 움직여지지 않을 테니 살아도 사는 것 같지 않겠고. 만일 그렇다면, 아무리 엄청난 부자라고 해도 영원히 살고 싶어 하지 않을 거 같아요.

삼촌　'살아도 사는 것 같지 않다'라……. 그런 삶은 '인간다운 삶'이 아니라는 뜻이지?

재희　맞아요. 몸과 마음이 건강한 상태에서 영원히 살기를 바라는 거지, 그냥 죽지 않기를 바라는 마음은 아니잖아요? 하고 싶은 것도 하고, 다른 사람과 어울리면서 사회생활도 할 수 있어야 할 텐데 그 과정이 생략된 상태의 영원함이라면 저는 반대에 한 표!

인간다운 삶을 누릴 수 없다면 자살해도 괜찮을까?

삼촌 그렇다면 너는 '인간다운 삶'을 살아가기 위해서는 어느 정도 삶을 선택할 수도 있다고 생각하는구나. 우리는 대개 두 가지 경우에 삶보다 죽음이 더 값어치가 높다고 이야기해. 우선 나이가 들어서 이제 남은 것이라고는 주름과 각종 질병뿐인 상황. 이런 경우엔 더 이상 산다고 해도 잃을 게 없고, 고통만 커지니까. 두 번째는 사회가 점차 혼란해지는데 정작 내가 할 수 있는 게 아무것도 없는 경우. 자신이 어떤 변화도 일으킬 수 없다고 느낄 때 사람들은 대개 살아갈 이유를 찾지 못하지. 이런 경우 사람들은 '보다 인간다운 삶'을 위해서 스스로 생을 마감하고 싶어 해.

재희 제가 아까 말한 거랑 비슷한 맥락인데…… 선뜻 받아들여지지 않아요. 영원한 삶이 늘 좋은 건 아니라는 점에는 동의하지만, 인간이 삶과 죽음을 선택한다는 것은 아무래도 생명의 존엄성을 어기는 행동 같아요.

삼촌 그래. 이런 주제에는 윤리적인 난제들이 많이 포함되어 있어. 자살, 안락사, 낙태 등등. 생명을 어떻게 보아야 하는지 말이야. 많은 현대인들은 의학에 빼앗긴 죽을 권리를 찾아야 한다고들 말해. 죽음을 선택할 수 있는 권리를 본인 혹은 가족에게 주어야 한다는 거지. 헬레니즘 시대 스토아학파의 철학자들은 자신이 이성적 판단이 어려워지거나 질병 때문에 괴로워지는 등의 경우에 가장 합리적인 선택은 죽는 거라고 생각했어. 실제로 자살한 철학자들도 많고. 인간다운 삶을 사는 것만이 진짜 삶이라는 입장이라면 이해가 되는 부분이지.

재희 저는 철학자들은 모두 삶을 소중하게 생각하라고 할 줄 알았는데 의외네요.

삼촌 죽음이라는 게 무조건 피해야 하는 것만은 아니라는 뜻이었을 거다. 사실 누구나 죽음에 대한 고민들을 많이 하잖아? 죽음을 피할 수 없다는 것은 다 인정하니까. 그렇지만 아마 진짜 죽고 싶은 사람은 없을 거야. 심지어 나이가 든 사람들이 흔히 "늙으면 죽어야지" 하는 말이 3대 거짓말 중 하나라고 할 정도로. 아까 이야기한 것처럼 죽음의 과정까지 가는 것도 무척 두려운 일이고 말이야. 그런데, 재희야! 죽음 다음에는 과연 무엇이 있을까? 사후의 삶이란 게 정말 존재할까?

죽음 다음에는 무엇이 있을까?

재희 저는 종교가 없어서 그런지, 사후의 세계는 없다고 생각해요. 그냥 죽는 거죠. 확신할 수는 없지만요. 아, 갑자기 닭살 돋네요. 지금 우리 옆에도 귀신이 있는 건 아닐까요? 귀신 이야기를 하면 귀신이 듣는다던데……. 그런데 사후세계가 없다면 죽고 나서 우리는 어디로 가는 거죠?

삼촌 하하. 어쩌면 귀신이 네 이야기를 듣고 있을지도 모르지. 네 질문은 인간이 두 가지로 구성되어 있다는 것을 전제하는 것 같

115

은데. 육체와 영혼으로 말이야. 죽음이라는 건 육체에 해당하는 것이니까 '아직은 죽지 않은' 영혼이 어디로 가느냐고 묻는 거지?

재희 어렸을 때부터 귀신 이야기를 많이 듣다 보니 당연히 육체와 영혼이 따로 분리되어 있다고 생각한 것 같아요. 그런데요, 삼촌. 육체와 영혼이 하나라면 죽는 것을 걱정할 필요가 없잖아요.

삼촌 그렇지. 죽고 나면 모든 것이 사라져서 이미 내가 아닌 것이 될 테니까. 2000년 전의 고대 그리스 철학자 **에피쿠로스**도 그런 이야기를 했어.

살아 있을 때는 죽음이 없고, 죽었을 때는 우리가 없다.
−에피쿠로스

2000년 동안이나 많은 사람들을 골치 아프게 했던 이 이야기는 한마디로 인간이 죽음과 무관한 존재라는 뜻이야. 우리가 두려워하는 죽음이라는 것이 사실은 우리에게 아무것도 아니라는 거야. 살아 있음과 죽음은 동전의 양면이라서 어느 한쪽이 나오면 다른 한쪽은 절대 나올 수가 없거든.

재희 그렇게 생각하니까 마음이 좀 편해지네요. 죽을 때 얼마나 아플까, 죽고 나서 어디로 가는 걸까 생각하면 무서웠는데 죽고 나면 아무것도 기억할 수 없으니 걱정할 필요가 없잖아요?

삼촌 조금 덧붙여줄까? 에피쿠로스는 **데모크리토스**의 원자설에 영향을 받았어. 모든 것은 작은 원자의 형태로 구성되어 있고 필요가 끝나면 또 원자로 흩어진다고 하니, 결국 죽고 나면 그냥 자연으로 돌아가는 거지. 죽음이라는 것 자체가 존재하지 않는다는 뜻이야. 그렇지만 여전히 많은 나라에서는 사후의 삶이 있다고 믿어. 그래서 죽고 나서도 살아 있을 때의 삶을 그대로 유지할 수 있도록 하지. 집을 대신하는 큰 무덤을 만든다거나 저승길에 쓰라고 노잣돈을 챙겨준다거나.

데모크리토스

재희 아, 피라미드 같은 걸 말씀하시는 거죠? 고대 이집트에서는 왕이 살아 있는 내내 죽었을 때 쓰는 공간을 만드는 데 시간을 다 보내잖아요. 중국이나 우리나라도 왕 같이 높은 지위를 갖고 있는 사람이 죽으면 사용했던 물건들은 물론 노예들까지도 같이 묻었다고 배웠어요. 그런데 이런 것들은 사후세계가 있다는 증거라기보다 죽은 사람을 기리는 측면에서 하는 행동이라고 생각해요. 삼촌이 말씀하셨던 것처럼 과학적 증거도 없고요. 진짜 죽은 것도 아닌데 죽음을 준비하는 거니까 '진짜 죽음'이라고 말할 수도 없고요. 삼촌! 어쩌면 죽음에 대한 공포는 만들어진 게 아닐까요?

삼촌 만들어졌다, 무엇을 위해서?

재희 음⋯⋯. 뭔가 지체 높은 사람들이 대중을 쉽게 통제하기 위해서, 혹은 죽음에 대한 두려움을 앞세워 종교를 확산시키기 위해서요. 할머니는 어렸을 때 제가 물가로 가면 물귀신이 있으니 조심하라고 하셨거든요. 그건 진짜 물귀신이 있어서가 아니라 제가 물가로 가면 위험하니까 겁을 주려고 그러셨던 것 같아요.

삼촌 우와, 대단한데? 실제로 독일의 나치는 인간이 존재 자체에 가지고 있는 우려와 그에 따른 무기력함을 잘 이용했지.

재희 정말요? 어쨌든 삼촌 이야기를 듣고 나니 죽음 이후가 두렵지는 않네요. 죽으면서 완전히 사라질 수도 있고 아님 일부러 공포를 만든 것일 수도 있다고 생각하니까 마음이 훨씬 편한데요?

언제 죽을지 안다면 죽음이 두렵지 않을까?

재희 그렇지만 여전히 '언제' 죽을지 모른다는 공포가 있어서 그런지 죽음이 무서운 건 사실이에요.

삼촌 만약, 언제 죽을지 알 수 있다면, 죽음이 두렵지 않을까?

재희 아무래도 준비를 할 수 있으니까요.

삼촌 지금이 7시 50분이니까, 너에게 정확히 24시간을 줄게. 너는 내일 이 시간에 죽게 될 거야. 어때? 지금부터 너는 무엇을 할 거야?

재희 내일이요? 너무 짧아요, 좀 더 주세요.

삼촌 실제로는 죽는 순간을 알 수 없으니 그에 비하면 24시간은 무척 긴 시간이지, 안 그래?

재희 알겠어요. 그럼, 이제까지 살찔까 봐 못 먹었던 것들을 마음껏 먹을 거예요. 배가 찢어질 때까지요. 마침 제사라 가족들이 다

모여 있으니까 한 명 한 명 못 다한 이야기도 하고요. 친구한
테 전화도 할 거예요. 그리고 내가 이제까지 어떻게 살았는지
를 한번 쭉 적어보면서 마무리를 하겠지요.

삼촌 정말 마지막 순간을 그렇게 보내도 후회 없겠어?

재희 마지막……, 아, 아니에요! 이게 다 무슨 소용이겠어요. 곧 죽
을 건데! 진짜 내일 죽는다는 걸 알게 되면 괜히 화가 나서 나
쁜 행동을 막 할 것 같아요. 미워하는 친구한테 실컷 욕도 하
고, 물건도 다 부서놓고요. 제가 이상한 걸까요?

삼촌 그렇게 생각하는 게 어쩌면 정상일 수 있어. **퀴블러 로스**의 연
구에 따르면 인간은 죽음을 앞두고 대개 다섯 가지 단계를 거
친다고 해. 미국인들을 대상으로 실험한 거지만 인종·종교·성
별·나이·원인에 상관없이 모두 비슷한 과정을 거친다고 하더
구나.

죽음에 적응하는 5단계 : 부정 → 분노 → 타협 → 우울 → 수용

죽게 된다는 통보를 받으면 사람들은 처음엔 그 사실을 부정
한대. 오진이라고 생각하는 단계지. 사실을 믿지 않는 거야. 2
단계는 분노. '내가 왜 지금 죽어야 되지?' 하는 물음으로부터
시작해서 신, 가족이나 의료진들에게 분노의 화살을 돌려. 3단
계는 타협이래. '내가 어떻게 하면 죽지 않을까?' 하고 생각하
면서 죽음을 조금이라도 연장해보려고 노력하게 된대. 의료진
에게 치료법을 논의하거나 종교에 의지하거나. 4단계는 우울이

야. 마침내 모든 것이 사라진다는 것을 자각하게 되면서 우울
감이 높아지는 거지. 5단계는 수용이야. 이제 피할 수 없는 자
신의 운명을 평온한 마음으로 받아들이게 되고 주위 사람에
게도 점점 무관심해지는 거지.

재희 제가 이상한 게 아니라니 다행이에요! 그렇지만 언제 죽는다
는 것을 삼촌처럼 딱 하루 전에 알려준다면 5단계까지 가기도
전에 분노가 폭발할 거 같아요. 삼촌은 딱 24시간을 살 수 있
다면 무엇을 하실 거예요?

삼촌 나는 사진을 찍고, 아주 좋은 일을 할 거야. 너도 말했던 것처
럼 내가 그렇게 큰 사고로부터 살아날 수 있었던 것은 어쩌면
나를 아는 모든 사람의 기도 덕분일지도 몰라. 그 사람들에게
나는 좋은 사람으로 기억되고 싶어. 그래서 나에게 마지막 하
루가 주어진다면 나를 아는 모든 사람에게 좋은 일을 할 거야.

재희 아, 제가 죽고 난 다음에도 저를 알고 있는 모든 사람들은 저
를 추억할 테니까요. 마지막에 못된 행동을 하고 죽으면 저를
그런 사람으로 기억할 테니······. 삼촌과 함께 있으면 제가 조
카인 것처럼, 사람은 누구랑 같이 있느냐에 따라 모습이 조금
씩 달라지는 것 같아요. 그러고 보니, 제가 제 자신일 수 있는
것도 혼자 그렇게 된 게 아니라 다른 사람들과의 만남 속에서
만들어진 거네요.

삼촌 그래. 『트리갭의 샘물』에서 터크 가족이 샘물을 먹고 늙지 않
게 되자 이웃들은 그 가족 모두가 저주에 걸린 거라고 생각했
어. 그 후 터크 가족은 어느 곳에도 정착하지 못하고 떠돌아

야 했지. '영원히 기억되지 않기' 위해서 말이야.

재희 「별 그대」의 도민준이 친구나 애인을 만들지 않고 살았던 것처럼요? 강남땅이 쌀 때 사놓아서 부자가 된 도민준이 부러웠는데 정작 친구도 가족도 없이 외롭게 살았다니, 정말 불쌍해요.

죽음은 나를 '나'답게 살게 해준다!?

재희 또 하나 드는 생각은요. 나에게 24시간만 있다고 생각했을 때, '아! 나 이렇게 살면 안 되겠다!' 하고 생각했거든요. 처음에 영원히 살 수 있다는 이야기가 솔깃했던 것은 다양한 도전을 할 수 있다는 점 때문이었는데 그런 매일이 영원히 반복된다면 오히려 전혀 특별하지 않아서 어느 정도 시간이 지나면 지쳐버릴 것 같아요. 우리가 영원히 살 수 있다면 하루하루의 삶이 소중하다는 것을 전혀 깨닫지 못했을 거예요.

삼촌 삶이 영원하다고 착각하고 나태해지는 것을 막고, 삶을 소중하게 생각하기 위해서 죽음을 생각한다고? 『트리갭의 샘물』에서도 그런 장면이 나와. 삶을 즐겨야 한다는 제시와 달리 아버지 터크는 영원한 삶을 살 수밖에 없는 가족들을 보면서 무척 씁쓸해하지. 터크는 결코 죽을 수 없는 사람이었지만, 죽음이야말로 삶을 순간순간 잘 살 수 있게 해준다고 생각한 것 같아.

재희 터크는 아마 다른 사람의 죽음을 보면서 그걸 느꼈을 거예요. 같은 경험을 공유하던 사람들은 하나둘씩 죽었을 테니.

삼촌	그렇겠지. 다른 사람을 통해서 나'도' 죽게 된다는 것을 알게 되니까. 뉴스를 보고 깨달음을 얻은 너처럼 말이야. 그렇지만 상상하고 싶지 않은 미래의 모습이니까 자꾸 회피하고, 그 때문에 불안만 커지는 거지. 그런데 20세기 실존주의 철학자 하이데거는 오히려 죽음에 맞닥뜨려볼 필요가 있다고 말해. 그는 『존재와 시간』을 통해서 우리가 죽을 수밖에 없다는 것을 인정했을 때 자신의 진정한 삶을 창조해나갈 수 있고, 점점 죽어가는 과정인 인생을 어떻게 살고 싶은지 스스로에게 끊임없이 물음으로써 자신을 상실하는 문제를 방지할 수 있다고 주장했어. 죽음이야말로 나를 나답게 살 수 있도록 해준다는 거지.
재희	아! 그래서 위니가 제시가 쥐어준 샘물을 마시지 않았나 봐요.
삼촌	빙고! 위니도 터크 가족을 만나고 또 삶을 살아가면서 영원히 사는 것보다 어떻게 사느냐가 더 중요하다는 것을 깨달은 거야.
재희	생각해보니 영원한 삶을 산다는 건 그리 좋은 게 아닌 것 같아요. 사람들만 죽지 않는 것이 아니라 모든 생명체가 죽지 않게 될 거잖아요. 터크 가족의 늙은 말이 죽지 않는 것처럼요. 제가 제일 싫어하는 모기도, 바퀴벌레도 죽지 않아 득실거릴 거예요. 그런 것들은 없는 게 나은데! 절대로 영원히 살아서는 안 돼요!
삼촌	뭐? 절대로 영원히 살아서는 안 되는 것들이 있다고? 책을 보면 샘물의 비밀을 발견한 노란 옷의 남자가 터크 가족에게 이런 말을 해. "나는 이 물을 팔 작정입니다. 그러나 나는 그 물을 아무에게나 팔지는 않을 겁니다. 어떤 사람들에게만, 그 물

을 마실 자격이 있는 사람들에게만 판다, 이 말입니다"라고 말이야.

아 참, 그리고 조금 전에 넌 "어떤 생명체는 없어도 괜찮다"고 말했어. 그렇다면 '영원히 살아도 괜찮은 존재'도 있을까?

재희 음……, 처음에는 누구한테나 칭송받는 훌륭한 사람들이라면 그래도 괜찮지 않을까 하고 생각했는데, 조금 더 생각해보니 안 될 것 같아요. 그 사람이 훌륭한 삶을 살았는지에 대한 기준이 명확하지 않고, 명확하다고 하더라도 영원히 살았을 때 그들이 영원토록 같은 마음가짐을 가지리라는 보장이 없으니까요. 이렇게 이야기하고 보니 죽어도 괜찮은 존재가 있는가 하는 의문이 드네요.

삼촌 그래. 죽음을 알고 받아들이는 방식도 매우 중요하겠지. 게다가 그건 타인이 아니라 자기의 의지에 따른 것이어야 할 거야. 모두에게 이로운 방식으로 말이지. 그런데 트리갭의 샘물처럼 지금 그대로 살 수만 있다면 엄청난 돈을 지급하려는 사람들도 정말 많을 거야. 노란 옷을 입은 아저씨가 생각하듯 말이야. 과연 삶도 돈으로 살 수 있을까?

재희 물론 돈을 무시할 수는 없어요. 좋은 삶에서 경제적 자유를 뺄 수는 없으니까요. 하지만 절대 조건은 아니지요. 그리고 죽음 앞에서는 모든 삶이 평등해야 해요. 부자라서 영원히 살고 가난하다고 일찍 죽는 건 너무나 불공평해요.

삼촌 안타깝게도 우리 사회가 죽음 앞에서 불평등한 건 사실이야. 영원히 살 수 있는 건 아니지만 '오래' 살 수는 있잖아. 많은 돈을 투자하면 말이지. 병원에서 연명치료를 계속 받으면 더욱 오랫동안 살 수 있어. 주름도 없애고 늙지도 않고 건강하게. 현대의 가장 유명한 철학자 중의 하나인 버트런드 러셀도 '어떻게 하면 늙지 않을 수 있을까?'에 대한 고민을 계속했다고 해. 그러면서 "장수하려면 죽음을 두려워해서는 안 된다"고 했어. 죽음의 공포를 극복하기 위해서는 "자신의 관심 범위를 넓혀 스스로 점차 무아의 경지에 이르러 자신을 둘러싼 벽들을 하나씩 무너뜨려야 한다"고 말했지. 결국 죽음과 함께 살지 않는 삶은 있을 수 없다는 뜻이겠지?

밀레의 「사신과 나무꾼」. 일상 속에 들어와 있는 죽음에 대해 생각하게 해주는 그림이다.

재희   아~, 어렵네요. 새삼스럽게 할머니는 어떻게 죽음을 맞이했나 궁금해졌어요. 할머니가 돌아가셨을 때 다들 호상이라고 하셨 잖아요. 그때 전 어린 나이였는데도 '사람이 죽었는데 호상이 란 게 어딨어!' 하면서 반발했다고요!

삼촌   아마 할머니가 많이 편찮으시지 않고, 죽음을 맞이하셨기 때 문에 그런 이야기가 나온 게 아니었을까? 죽음이라는 부정적 인 상황을 긍정적인 것으로 바꿔 생각하려는 의도였을 거야.

재희   긍정적인 죽음이요? 에이, 그런 게 어디 있어요. 모순 아니에요?

삼촌   아까도 말했지만 우리는 죽음을 굉장히 두려워하면서도 또 삶 깊숙이 죽음을 끼워두기도 해. '배고파 죽겠다', '좋아 죽겠다' 같은 은유적 표현도 많이 쓰잖아? 일상을 살아가면서 죽음에 대한 생각을 끊임없이 하도록 한 선조들의 지혜가 아닐까?

재희   삼촌, 이제야 삼촌께서 지난번에 저에게 보낸 메시지의 의미 를 알겠어요. '잘 살았냐'는 질문이요. '산다'는 것이 생명을 가 지고 있다는 뜻 외에 다른 뜻도 있다는 이야기를 하고 싶으신 거죠? '의미 있는 시간을 보냈느냐?'라는 말처럼요. 삼촌이 사 고 후에 받은 보상금으로 다른 일이 아니라 요양원을 차린 의 미도 이제는 이해할 수 있을 것 같아요.

삼촌   거기까지 알았다면 오늘 너와의 이야기를 정리해도 되겠구나. 우리가 죽음에 대해 논의하는 것도 결국 '잘 살기' 위해서거 든. 죽음에 대해 걱정하고 고민하기 시작할 때에 비로소 자신 의 삶을 반성하고 생명의 소중함을 느끼게 되니까. 삶과 죽음 은 결코 동떨어진 게 아니거든.

클림트 「죽음과 삶」. 죽음이라는 테마에 관심이 많았던 클림트는 그림에 어린 아이를 등장시켜서 죽음이 끝이 아닌 듯한 느낌을 주고 있다.

재희　어떤 죽음을 맞이하느냐는 곧 어떤 삶을 살아왔느냐의 다른 이야기 아닐까요?

삼촌　실존주의 철학자 **야스퍼스**는 "철학을 공부하는 것은 죽음을 공부하는 것이다"라고 말했어. 마지막으로 영국의 사회비평가 **존 러스킨**의 말을 전해줄게.

죽음에 대한 준비는 단 하나밖에 없다. 그것은 훌륭한 인생을 사는 것이다. 우리가 훌륭한 인생을 살면 살수록 죽음은 더욱 더 무의미한 것이 되며 그에 대한 공포도 없어지게 된다.

재희야, 지금도 영원히 살 수 있다면 좋을 것 같아?

재희　아니요. 삼촌의 말을 계속 듣다 보니까 이제는 그렇게 살고 싶지 않아요. 그럴 수도 없겠지만요!

삼촌　우리는 실제로 영원히 육체를 지니고 살아갈 수는 없지만 여

러스킨의 자화상(좌)
올덴부르크에 있는 카를 야스퍼스 동상(우)

127

전히 영원히 살고 싶어 해. 그 영생의 마음을 타인과의 관계 속에서 유지해나가려고 하지. 삶이 끝난 뒤에도 삶이 계속된다는 건 결국 이런 의미 아닐까? 수많은 철학자들의 사상이나 유명한 작품으로 후손들에게 이어지거나, 할머니처럼 나를 알고 있는 사람들의 기억 속에서 살아가거나!

죽음을 기억하라!

삼촌은 이야기를 마치면서 나에게 세 권의 책을 추천해주셨다. 이런 지긋지긋한 삼촌 같으니!^^ 톨스토이의 『이반 일리치의 죽음』, 미치 앨봄의 『모리와 함께한 화요일』, 파울로 코엘료의 『베로니카, 죽기로 결심하다』이다. 등장인물들이 어떻게 죽음을 맞이하는지 보라면서. 시간을 내어 꼭 읽어보아야겠다.

삼촌과 이런 저런 이야기를 하면서 죽음이 내가 살아가야 할 곳의 방향성을 알려줄 수 있고, 어떻게 살아야 할 것인가 하는 질문에 답을 줄 수도 있음을 깨달았다. 문득 '이제까지 나는 어떻게 살아왔나?', '사람들은 나를 어떻게 기억할까?' 하는 질문을 해보게 된다. 기회가 있다면 삼촌이 추천한 대로 친구들과 예비 장례식을 해보는 것도 좋겠다 싶다. 유서도 써보고 친구들의 추도문도 들어보고.

셰익스피어가 쓴 『햄릿』을 보면 햄릿이 사람을 묻는 광경을 보고 충격에 빠지는 장면이 나온다. 죽은 사람이 왕이더라도 다른 누구와 똑같이 구더기에게 먹히고 그것이 물고기의 밥이 되며, 그 물고기가 다시 거지의 배를 채워줄 수 있다는 것을 깨닫는 장면이다. 죽음 앞에서 생명이란 무엇인가를 고민하던 그가 하늘을 보고 탄식한 말이 바로 저 유명한 "사느냐, 죽느냐 그것이 문제로다!"이다.

죽음에 대한 고민이 양지에서 이뤄지지 않으면 허무주의에 빠지기 쉬울 것 같다. 햄

릿을 해석하는 사람이 제각기 다르듯이 말이다. 우리 사회엔 급작스러운 사고로 죽는 사람들이 점점 많아지고 있다. 이런 데서는 살아야 하는 의미를 치열하게 찾지 않으면 오히려 삶을 무의미하게 살거나, 더 크게는 죽고 싶은 마음까지 들지 모른다.

나부터 죽음이 내 삶과 항상 같이한다는 생각을 잊지 않아야겠다. 그리고 친구들에게 이렇게 외쳐야겠다.

"Memento mori!(죽음을 기억하라!)"

죽음은 삶의 힌트다

'우리는 왜 태어났을까'라는 질문은 어쩌면 아주 당연하지만 아주 낯설기도 한 물음이다. 막상 떠올리면 명확한 답을 내기가 어렵기 때문에 더욱 그렇다. 나는 왜, 너는 왜, 우리는 왜 태어난 걸까.

'태어날 때부터' 정해지는 것들은 우리에게 수없이 많다. 내 의지와는 상관없이 이미 정해져 있던 많은 것들은 우리의 인생 전체를 좌지우지할 정도로 커다란 영향을 주기도 한다. 하지만 그럼에도 우리 인간의 삶이 가치 있는 이유는 인간만이 자신의 삶을 만들어 갈 수 있는 존재이기 때문이다. 여기서 우리는 한 가지 확신을 할 수 있다. 우리 모두에겐 이 세상에 태어난 각자의 이유가 존재한다는 사실을 말이다. 내가 추구하는 모습의 인생을 그려나갈 수 있는 자격이 주어진다는 것 자체가 우리가 살아갈 수 있는 이유가 된다. 내가 어떠한 사람으로 태어났건, 내 삶은 나 자신의 것이기 때문에 무엇보다도 내가 행복한 삶, 나의 이유가 있는 삶이 결국 나에게 가치 있는 것이다.

또한, 인간은 '죽음'에 대한 강한 두려움을 가진 채 살아가고 있지만, 오히려 죽음이란 것이 우리의 삶의 방향성을 찾을 수 있도록 해주고 있음을 깨달았다. '죽음'에 대한 고민은 언제나 두렵고 무섭기만 한 줄 알았지만 그렇지 않았다. 내가 현재의 삶의 이유에 대한 갈림길에 놓여 있을 때, 오히려 죽음은 우리에게 하나의 힌트를 던져주고 간다. 지금껏 나는 어떠한 사람으로서 살아왔는지, 내가 찾은 내 삶의 의미는 무엇인지에 대해서 말이다.

- 박수빈 학생의 글

우리가
사는 세상이
매트릭스
아닐까?

가상과 현실

지금 이 순간은 꿈일까, 현실일까?

눈앞에서 선생님이 무슨 말을 하신다. 나는 의자에 앉아 그 소리를 자장가 삼아 잠을 청한다. 아마도 엄마가 알면 또 한소리 할 것이다. 하지만 칠판에 쓰여 있는 숫자와 기호들을 잘 쳐다보고, 선생님의 얘길 열심히 들어봤자 내 점수는 오르지 않을 것이다. 고1로 올라오면서 떨어진 성적은 좀처럼 올라가지 않았으니까. 한 시간만 더 버티면 이 지겨운 학교를 벗어날 수 있다.

학교 수업이 끝났다. 어느새 PC방에 도착해 있다. 게임은 매우 재미있다고 할 수는 없지만 시간을 때우기 좋다. 그런데 딱히 재미있는 게 없다 보니 하루에 3~4시간은 게임을 하게 된다. 학원엘 가서는 공부하는 척한다. 학원을 빠질 때도 있지만, 몇 번은 가줘야 엄마의 귀에 안 들어가기 때문이다. 학원이 끝나고 집에 가면 드라마나 예능을 다운받아서 본다. 그러다 잔다.

이런 생활의 반복이 나의 고1이다. 지겹다. 게다가 중학교 때와는 달리 애들이 점점 나를 찾아주지 않는다. 아무래도 친한 애들이 다른 학교로 가게 돼서일까? 쉬는 시간에도 자리에 혼자 앉아 이어폰을 귀에 꽂고 음악을 듣는다.

엄마는 고1이 되면 마음속에 꿈 하나쯤은 품어야 된다고 얘기하셨다. 그리고 그 꿈을 이루기 위해 공부든 비교과든 열심히 해야 할 것이라고 하셨다. 주변 애들을 보면 정말 엄마 말대로 공부든 활동이든 자기 꿈에 맞게 열심인 것 같다. 나만 이렇게 혼자서 똑같은 생활을 무의미하게 반복하고 있는 건 아닐까?

……프레젠테이션을 하고 있다. 눈앞의 청중은 모두 나의 말과 제스처에 집중한다. 프레젠테이션이 끝나자 온 청중이 기립해 박수를 친다. 저 뒤에선 아내가 뒤로 나오라고 곁눈질을 한다. 아내와 함께 선상에서 기분 좋게 칼질을 한다. 미디엄 레어로 익혀진 두툼한 쇠고기가 내 혀를 살살 녹인다…….

눈이 떠졌다. 천장이 보인다. 알람과 함께 엄마의 잔소리가 내 귀를 찌른다. 난 또 지겨운 일상을 반복해야 한다. 꿈속의 나는 결국 허상에 지나지 않았다. 문득 지금의 삶이 오히려 꿈은 아닐까, 어쩌면 저 우주 어딘가에 있는 누군가에 의해 내가 조종되고 있는 것은 아닐까 하는 생각이 들었다.

집을 나서면서도 이런 생각이 끊이질 않았다. 철학쌤이라면 이런 궁금증을 해소시켜 주지 않을까? 철학 수업이 끝나고 걱정 반 기대 반으로 선생님을 찾아갔다. 두려웠지만 지금까지의 고민을 모두 털어놓았다. 그러자 선생님은 영화 「매트릭스」를 꼼꼼히 보고 다시 찾아오라고 하셨다. 참고 자료도 챙겨주시면서.

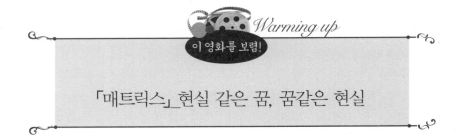

「매트릭스」_현실 같은 꿈, 꿈같은 현실

인간의 기억을 지배하는 가상현실, 매트릭스 2199년. 인공지능(AI)을 가진 컴퓨터가 인간을 지배하는 끔찍한 시대다. 인큐베이터에 갇힌 인간은 기계의 에너지원으로 활용되는데, 이를 알아차리지 못하도록 뇌 세포에 '매트릭스'라는 가상현실 프로그램을 입력당한다. 그래서 인간은 평생 1999년의 가상현실을 살아간다.

프로그램 안에 있는 동안 인간의 뇌는 AI의 철저한 통제를 받는다. 인간이 보고 느끼는 것들은 모두, 그리고 항상 그들의 검색 엔진에 노출되어 있고, 인간의 기억 또한 그들에 의해 입력되고 삭제된다. 이러한 가상현실 속에서 진정한 현실을 인식할 수 있는 인간은 없다. 매트릭스 밖은 가상현실의 꿈에서 깨어난 인간들이 생존해 있는 곳.

한편, AI의 인큐베이터에서 탈출해 인류의 구원자를 찾아 나선 사람들이 있는데 그들이 바로 모피어스를 리더로 한 일단의 해커들. 그들은 광케이블을 통해 매트릭스에 침투하고 매트릭스 프로그램을 응용해 자신들의 뇌 세포에 각종 데이터를 입력한다. 그들의 당면 목표는 인류를 구원할 영웅을 찾아내는 것. 그들은 AI 통제 요원들의 삼엄한 검색망을 뚫고 매트릭스 안에 들어가 드디어 오랫동안 찾아 헤매던 '그'를 발견한다. '그'는 유능한 컴퓨터 프로그래머인 토머스 앤더슨이다. 앤더슨은 낮에는 평범한 회사원으로 살아가지만, 밤마다 '네오'라는 이름으로 컴퓨터 해킹에 나선다. 그는 모피어스와 그의 동료인 매력적인 여인 트리니티로부터 매트릭스에 대한 단서를 얻는다.

알 수 없는 두려움 속에서 매트릭스의 실체를 추적해가던 네오는 모피어스를 만나고, 그가 준 두 개의 약 중에서 빨간 약을 선택한다. 파란 약은 잠시 다른 세계를 보았지만 다시 이전의 삶으로 돌아가 일상 그대로 깨어나게 하는 약이고, 빨간 약은 지금까지와는 전혀 다른 세상에서 전혀 다른 미션이 부여된 진짜 세계에 남는 약이다. 마침내 네오는 AI에 의해 인큐베이터에서 양육되고 있는 인간의 비참한 현실을 확인하고 매트릭스를 탈출해 네브갓네살 호에 승선하게 된다.

네브갓네살 호에서 네오는 모피어스의 도움으로 컴퓨터 프로그램 훈련을 통해 사이버 전사로 거듭난다. 한편, 모피어스의 동료 중 사이퍼는 끊임없는 기계들의 위협과 공격으로 인한 두려움을 견디지 못하고, 다시 매트릭스 안의 가상현실로 들어가기 위해 동료들을 배신한다. 네오와 모피어스 일행이 매트릭스 안에 잠입한 사이, 사이퍼는 광케이블을 교란시켜 그들이 매트릭스에서 빠져나올 출구를 봉쇄해버린다. 그러자 네오 일행은 엄청난 괴력을 지닌 스미스 일행(매트릭스 보안요원)과 사투를 벌인다.

지금 우리가 사는 세상이 가상현실 아닐까?

다시 만난 매트릭스

철학쌤 전에 「매트릭스」를 봤다고 했지? 이번엔 어땠어?

중근 중3 때 처음 봤는데, 그때는 액션 영화 보듯 별 생각 없이 봤
어요. 그런데 이번에는 선생님이 주신 자료를 미리 읽고 보니
까 좀 달랐어요. 생각할 거리가 참 많은 영화인 것 같아요.

철학쌤 그래. 이 영화는 감독을 맡은 워쇼스키 형제가 철학을 부흥시
키려고 작심해서 만든 영화라고 해. 아니, 이젠 워쇼스키 남매
가 되었지만 말이야. 두 사람은 각본을 쓰는 과정에서 철학자
들에게 직접 자문도 구했대. 실제로 영화가 상영된 후 여러 나
라에서 「매트릭스」를 소재로 한 철학책들이 쏟아져 나왔어. 우
리나라에서만도 다섯 권이 넘게 나왔다지. 난 그걸 보고 영화,
아니 흥행에 성공한 영화의 위력을 톡톡히 실감했단다. 이 영
화는 감독이 등장인물의 이름 하나하나에까지 엄청 신경을 썼
대. 중근아, 이름에 어떤 의미가 담겨 있는지 찾아봤니?

중근 '네오(Neo)'는 그리스어로 새롭다는 뜻인데요. 철자의 순서를
바꾸면 유일한 분, 즉 구세주라는 뜻의 'One'이 된대요. '트리

니티(Trinity)'는 성경에서 말하는 삼위일체[13]를 뜻하는데, 영화에서는 예수를 따르는 여신도 막달라 마리아를 암시한다고 했어요. 모피어스는 그리스 신화에서 나오는 '꿈의 신'을 뜻하는데, 영화에서는 세례자 요한[14] 같은 역할을 맡았죠. 그리고 '오라클(Oracle)'은 신탁 혹은 예언자라는 뜻을 지니고 있고요.

철학쌤 그래, 잘 알아봤네. 파충류 가죽 코트를 입은 '사이퍼(Cyper)'는 아담과 이브를 유혹한 사탄을 암시하는 존재로 배신자 유다 역할을 맡고 있지. 한마디로 이 영화는 기독교의 인류 구원이라는 문제의식과 주요 인물을 적절히 빌려왔다고 볼 수 있어. 넌 어떤 부분이 가장 인상적이었니?

우리가 사는 세상이 가상현실일 수도 있다?

중근 이 영화에서 가장 잊히지 않는 부분은…… 네오 아니 토머스 앤더슨이 진짜 현실이라 믿었던 세상이, 알고 보니, 컴퓨터의 매트릭스가 만들어낸 가상현실이었다는 점이에요. 저는 요즘 무기력 바이러스가 온몸에 퍼진 탓인지, 게임이나 꿈속에서 일어난 일이 더 현실처럼 느껴질 때가 있어요. 밥 먹고, 학교

---

13 성부(聖父), 성자(聖子), 성령(聖靈)은 삼위(세 위격)로 존재하지만, 본질은 하나라는 기독교의 교리.

14 예수가 본격적으로 활동하기 전, 사람들에게 예수를 구세주로 받아들이도록 준비시키고 그분이 구세주임을 증명한 사람.

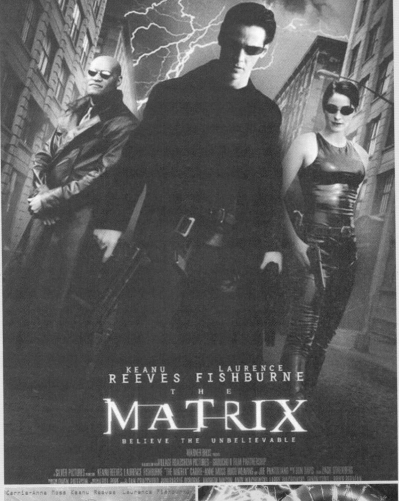

KEANU LAURENCE
REEVES FISHBURNE

THE
MATRIX

BELIEVE THE UNBELIEVABLE

전 세계적으로 엄청난 반향을 불러일으킨 영화
「매트릭스」(상)

영화의 주요 인물인 트리니티(왼쪽), 앤더슨(가운
데), 모피어스(오른쪽)

배신자 유다 역할을 맡은 사이퍼(하)

가서 수업 듣고, 시험 보는 게 꿈속에서 일어난 일처럼 흐릿하고 몽롱해요. 이게 꿈이었으면…… 하고 바랄 때도 많고요. 그런데 우리가 사는 세상이 영화에서처럼 가상현실이 아니라고 믿을 근거라도 있나요?

진짜 현실 같은 꿈을 꿔본 적 있나?
그런 꿈에서 깨어날 수 없다면
그것이 꿈인지 현실인지 어떻게 알 수 있겠나?

- 영화 속 모피어스의 대사

철학쌤 사실 그와 비슷한 의문을 품었던 철학자들이 적지 않아. 중국에서는 2400년 전 장자(莊子)가 그런 의문을 품었지. '호접지몽(胡蝶之夢)'이라는 말 들어봤니?

중근 글쎄요, 어디서 들어본 듯싶은데 무슨 뜻인지는 잘 모르겠어요.

철학쌤 어느 날 장자가 나비가 된 꿈을 꾸었단다. 훨훨 날아다니는 나비가 되어 유유자적 즐겁게 지내면서도 자신이 장자임을 알지 못했어. 문득 깨어 보니 다시 장자가 되었지. 장자는 곰곰이 생각해봤지만, 자신이 나비가 되는 꿈을 꾼 건지 아니면 나비가 장자가 되는 꿈을 꾼 건지 도무지 알 수가 없더래.

중근 아하, 그 얘기! 어디선가 들어봤어요. 김만중이 쓴 소설 『구운몽(九雲夢)』도 비슷한 이야기 아닌가요? 주인공인 양소유가 어지러운 세상에서 맹활약을 하여 이름을 날리고 부귀영화를 누리다 깨어 보니, (육관대사 밑에서 불법을 닦는) 성진의 하룻밤

꿈이었잖아요.

철학쌤 김만중의 『구운몽』에는 불교의 공(空)사상이 담겨 있지. 공이 란 흔히 '비어 있다'는 뜻으로 쓰이지만, 불교에서 말하는 공의 뜻은 좀 달라. 모든 사물과 현상은 인연(因緣, 원인과 조건)으로 인해 생겨난 것이라 "이게 바로 변하지 않는 나야"라고 주장할 게 없다는 뜻이지. 예컨대 육관대사 밑에서 열심히 불법을 닦 는 성진도 여덟 명의 미녀를 만나 마음이 흔들리니, 명예나 권 세, 미인을 탐하는 속세의 사람과 전혀 다를 바 없었잖아. 그 리고 양소유란 인물로 태어나 속세에서 부귀영화를 누려보고 나니까, 그건 뜬구름과 같다는 것을 깨닫게 되잖아. 문득 20대 에는 뭇 남성의 시선을 한 몸에 받았는데, 40대가 넘으니 아무 도 눈길을 주지 않아 서글퍼졌다고 했던 어떤 여인이 떠오르 는구나.

중근 그렇담, 우리가 성적이나 외모에 그렇게 집착할 필요가 없다는 얘기네요.

철학쌤 응~. 이렇듯 동양에서는 이런 의문이 인간의 앎이나 지식의 정당성에 대한 물음으로 이어지기보다 삶의 태도 문제로 귀결 되곤 했어. 예를 들면 사람이든 나비든 도(道)의 관점에서 보 면 평등하니, 만물의 영장이라고 우쭐대지 마라, 우리의 인생 이 한바탕 꿈일 수도 있으니 부귀영화에 집착하지 말고 마음 을 비우라…… 등등이지.

중근 그렇다면 서양 철학자들은 이 문제에 어떻게 접근했나요?

철학쌤 오늘은 이 물음을 가장 극적인 방식으로 제기한 **데카르트**의

사상을 중심으로 얘기해볼까 해. 자칫하면 서양 철학사를 강의해야 할 판이니까. 근대 철학이 동틀 무렵 데카르트는 수학처럼 명확한 철학 체계를 세우려 했어. 이를 위해 그는 우선 자신이 확실하게 알고 있지 않은 어떤 것도 결코 참된 지식이라 인정하지 않았지. 그리고 가장 자명하고 단순한 지식에서부터 점차 복잡한 지식을 연역해내려고 했어. 그렇게만 한다면 세상에는 인간이 도달할 수 없을 만큼 먼 진리란 존재하지 않는다고 확신했던 거야.

프란스 할스가 그린
데카르트의 초상화

나는 생각한다, 그러므로 나는 존재한다

중근 저도 요즘 수학 때문에 스트레스를 받고는 있지만, 그래도 수학이 정밀한 학문이란 생각은 하고 있어요. 수학과 같은 철학이라~, 야심이 대단한데요? 그렇담, 우리가 살고 있는 세상이 가상현실이 아니라는 것도 증명했겠네요. 네오가 자신을 비롯한 인간들이 인큐베이터 속에 갇힌 고치 같은 존재였다는 것을 확인하고 놀라는 장면을 보면서 저도 등골이 오싹했거든요.

철학쌤 당근이지. 명확한 철학을 세우기 위해 데카르트는 우선 자신이 알고 있는 모든 것들을 의심하기 시작했어. 토머스 앤더슨이 '매트릭스란 뭔가?'에 대해 의구심을 품으면서 밤마다 컴퓨터 앞아 앉아 각종 프로그램을 해킹하던 것과 비슷해. 데카르트처럼 '자명한 철학'을 세우기 위한 방편으로 일부러 하는 의심을 '방법적 회의'라고 일컫는단다. 중근이 너라면 우리가 지닌 지식들 중 어떤 것부터 의심할 것 같니?

중근   음……, 저라면 감각을 통해 얻은 지식들을 의심할 것 같아요. 감각이 우리를 속일 때가 종종 있거든요. 팔을 물속에 집어넣으면 굽어 보이고, 또 어떤 경우엔 길이가 같은 선분인데도 어느 한쪽이 더 짧아 보이기도 하잖아요? 똑같은 음식인데 먹는 사람에 따라 맛있다, 짜다, 싱겁다 등등 평가도 다양하고요.

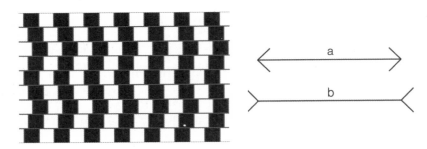

흰색 사각형이 더 커 보이고, 선분 b의 길이가 더 길어 보여.
내가 보는 것이 '진짜'일까?

진짜가 뭔가? 촉각이나 후각, 미각, 시각을 뜻하는 거라면 '진짜'란 두뇌가 해석하는 전자 신호에 불과해.
- 영화 속 모피어스의 대사

철학쌤 너는 아무래도 경험론보다 합리론을 지지하는 것 같구나. 데카르트도 너와 같은 생각이었어. 우리의 감각이 우리를 속이기 일쑤이므로 그런 감각 경험에 의존하는 물리학이나 천문학, 의학 같은 지식을 맨 먼저 의심했지.

중근 그다음으로 데카르트가 의심했던 지식은 무엇이었죠?

철학쌤 수학과 기하학의 지식들이야. 데카르트는 "사각형의 변은 4개다"라거나 "2+3=5"와 같은 명제도 전능한 악마가 있어서 우리가 그렇게 생각하도록 속일 수 있다고 가정해보았어. 더 나아가 하늘, 공기, 땅을 비롯한 외부 세계나 자신의 몸도 악마가 자기를 속이기 위해 만든 환영(幻影)이 아닐까 의심해보았지.

중근 헉~, 수학과 기하학의 지식을 의심하다니! 게다가 외부 세계, 심지어 우리 몸까지 의심하다니! 데카르트의 의심은 정말 끝이 없네요. 그렇게 모든 것을 의심한 다음에 데카르트가 얻은 결론은 무엇이었어요?

철학쌤 그는 그렇게 모든 것이 거짓이라고 생각하고 싶어 하는 동안에도 '그렇게 생각하는 나는 반드시 어떤 무엇이어야 한다'는 것을 깨달았어. 이 대목에서 바로 "나는 생각한다, 그러므로 나는 존재한다(Cogito, ergo sum.)"라는 유명한 명제가 탄생했지. 그러고 나서 데카르트는 주저 없이 이 명제를 자신이 세우려는 철학의 제1원리로 받아들였단다.

신은 있다, 그러므로 우리가 사는 세계는 있다

중근   아하, 모든 것을 거짓이라고 의심해도 의심하는 '나', 생각하는 '나'는 있어야 한다는 거군요. 으음, 그런데 생각하는 '나'가 있다고 해서 나의 몸이, 더구나 내가 보고 느끼는 것과 같은 외부 세계가 있다고 확신할 근거는 없을 것 같은데요. 앤더슨이 1999년의 지구에서 살아가고 있다고 생각했지만 실제 자신은 인큐베이터 속에 갇혀 온갖 케이블에 연결돼 있었잖아요?

철학쌤   그래. 데카르트가 생각하는 나, 즉 자아를 의심의 바다에서 건져올리긴 했지만 아직 자아는 망망대해에 홀로 떠 있는 외로운 섬일 뿐이었지. 외부 세계가 있다는 걸 증명할 길은 없었어. 그래서 그는 자신보다 완전한 존재인 신에게 구조 요청을 보내게 돼. 지금으로서는 납득하기 어려운 방식으로 신의 존재를 증명[15]한 다음, 신의 존재로부터 '외부 세계가 있다'는 명제를 추론해내지.

신은 무한하고 완전하기 때문에 선할 수밖에 없다. 왜냐고? 남을 속이는 것은 불완전함을 나타내기 때문이다. 신은 선한 존재니까,

---

15 데카르트는 두 가지 방식으로 신의 존재를 증명한다. 그중 한 가지를 소개하면 다음과 같다; 우리는 무한하고 완전한 것에 대한 관념을 본래 가지고 있다. 그리고 우리는 '모든 관념에는 그 원인이 있어야 한다'는 것을 선천적으로 알고 있다. 그런데 유한하고 불완전한 존재인 인간이 무한성과 완전성과 같은 관념의 원인이 될 수는 없다. 따라서 신이 완전성과 무한성 등의 관념을 우리의 마음속에 새겨놓은 것이라고 볼 수밖에 없다. 그러므로 신은 존재한다.

"2+3=5"는 참이고, 우리가 깨어 있는 상태에서 어떤 사물을 보거나 만질 때 그 사물은 단지 상상이 아니라 외부 세계에 실제로 존재한다.

중근 헉! 신의 존재를 가정하지 않으면 '외부 세계가 존재한다'는 것을 논리적으로 증명하기 어려운가요?

철학쌤 그렇다고 봐야지. 우리가 직접 지각할 수 있는 것은 우리 머릿속 관념, 즉 표상일 뿐이니까. 진짜 책, 진짜 꽃과 같이 외부 세계에 존재하는 사물, 즉 실재는 우리의 경험을 벗어나거든.

외부 세계가 자기 자신을 근본적이고, 참된 형태로 신경체계에 전달할 수 있는 길이란 원칙적으로 없다.

– 마투라나[16]

하지만 걱정하지 마. 오스트리아의 철학자 **비트겐슈타인**에 따르면, 외부 세계가 있다는 가정은 근본 믿음이기 때문에 "세계가 실재하지 않을 수 있다"고 주장하는 건 무의미하거든. 그리고 전능한 악마가 우리를 체계적으로 속인다는 가정은 거추장스러운 것 아니겠니? '**오컴**의 면도날'[17]에 의하면 어떤 현상을 설명할 때 불필요한 가정을 해서는 안 돼.

---

16 인식의 나무: 인식활동의 생물학적 뿌리, W. 마투라나 등저, 자작아카데미, 1995.
17 "같은 현상을 설명하는 두 개의 주장이 있다면, 간단한 쪽을 선택하라"는 것.

연필로 그린 비트겐슈타인의 모습(by Christiaan Tonnis)(좌)

비트겐슈타인의 누나 「그레틀」. 1905년 혼인을 기념하여 구스타프 클림트가 그린 작품이다(우)

비트겐슈타인이 누나 그레틀을 위해 설계한 오스트리아 빈의 스톤보로우 하우스. 친구인 파울 엥겔만이 건축을 맡았다(하)

빨간 약이냐, 파란 약이냐?

중근   지금의 현실이 불만족스럽긴 해도 악령이 우리를 속인다는 걸 받아들이고 싶진 않아요. 하지만 인공지능이 사람의 지능을 능가하는 시대에는 인간의 뇌에 '매트릭스'를 입력할 가능성이 있을 것 같은데요. 인류를 기계들의 에너지원으로 삼는다는 것은 영화에서나 가능한 설정이겠지만 삶이 고통스럽거나 지루한 사람은 스스로 자신의 뇌를 컴퓨터에 연결하는 쪽을 선택할 수도 있지 않을까요?

이 스테이크가 진짜가 아니란 걸 알아요. 하지만 입에 넣으면 매트릭스가 내 두뇌에 맛있다는 신호를 보내주죠. 내가 9년 만에 뭘 깨달았는지 알아요? '모르는 게 약'이다!

– 영화 속 사이퍼의 대사

철학쌤   영화 속 사이퍼처럼 말이니? 사이퍼는 맨날 꿀꿀이죽만 먹고 기계들과 싸워야 하는 현실이 싫어서 다시 매트릭스로 돌아가잖아. 네가 사이퍼처럼 현실이 매우 고통스럽다는 것을 안다면 고통스런 현실과 즐거운 가상 중에서 어떤 것을 선택할 것 같아?

중근   헉, 정말 곤란한 질문이네요. 고통스런 현실에서 벗어나기 위해, 혹은 맛있는 스테이크와 같은 쾌락을 누리기 위해 파란 약을 선택하는 걸 욕할 수는 없겠지요. 하지만…… 내 의지로 가상세계를 선택한다는 건 뭔가 꺼림칙해요. 한편으론 편안하게

149

가상세계를 즐기고 싶고, 다른 한편으론 고통스런 현실을 바꾸기 위해 노력해야 하지 않을까 하는 생각도 들고요.

철학쌤 즐거운 가상세계라, 꽤 유혹적이지? 그런데 빨간 약과 파란 약을 각각 고통스런 현실을 바꾸려는 것, 현실에 안주하는 것이라 해석해본다면 빨간 약과 파란 약 중 어떤 것을 선택하느냐 하는 문제는 우리 모두의 문제라 볼 수 있어.

빨간 약(좌)과 파란 약(우). 나는 어떤 것을 선택하게 될까?

중근 그러게요. 중학교 1~2학년 때 주먹 좀 쓰는 아이들이 약골인 아이들의 물건을 마음대로 갖다 쓰거나 못살게 군 일이 있어요. 그때 저는 모르는 척 눈을 감았었죠. 저도 덩달아 당할까 봐서요. 지금 생각해보니, 저는 그 당시 파란 약을 선택했던 거네요.

철학쌤 지금 다시 그때로 돌아간다면 어떤 선택을 할 것 같아?

중근 흐음……. 여전히 어려운 문제네요. 그 아이들과 맞서기에는 제 힘이 부칠 것 같고요. 만약 비슷한 문제의식을 갖는 아이들이랑 힘을 합칠 수 있다면 한번 정면으로 맞서보고 싶긴 해요.

철학쌤 학교폭력 문제는 아이들끼리 대처하기엔 쉽지 않은 거지. 교사가 먼저 학생들에게 학교폭력의 의미나 종류, 사례를 알려주고 그것의 심각성을 잘 주지시켜야 할 거야. 어쩔 수 없이 방관하거나 동조하던 학생들이 자기 목소리를 낼 수 있도록 말이야. 그리고 폭력을 주도하는 학생들의 이야기도 주의 깊게 경청할 필요가 있어. 그 애들이 공격적인 언행을 하는 데엔 나름의 이유가 있을 테니까.

중근 휴우, 중학교 때 그렇게 대처했다면 좋았을 것 같아요. 당시 학교폭력 문제를 언론에서 연일 다루었는데, 결국 학교에서 주동자를 강제로 전학 보냈어요. 걔들은 전학 간 학교에서도 잘 못 지냈는지 석 달 만에 자퇴했대요. 당했던 학생들도 마음의 상처가 심해 상담 치료를 받아야 했고요.

철학쌤 그런 일이 있었구나. 살아가면서 우리는 빨간 약과 파란 약 중 하나를 선택해야 하는 순간과 종종 직면하게 되지. 하지만 빨간 약을 선택하는 게 늘 최선이라고 보기는 어려워. 아까 네가 말한 것처럼 자신의 힘이 모자랄 때는 어쩔 수 없이 파란 약을 먹어야 할 테고, 또 현실이 너무 고통스러울 때는 판타지나 오락 같은 것을 즐기면서 위안을 얻을 필요도 있으니까. 물론 고통스러운 진실과 마주할 수 있는 용기를 기르는 것도 필요하지.

중근 예, 그런데 자신의 본 모습을 마주하는 게 가장 어려운 일인 것 같더라고요.

네오는 '그'가 될 운명을 타고난 것일까?

중근 아, 근데요 선생님! 네오가 오라클을 만나는 장면에서 떠올랐던 의문이 있는데요. 오라클이 "꽃병은 신경 쓰지 마라"고 얘기하자마자 네오가 꽃병을 깨뜨리잖아요. 오라클은 네오가 꽃병을 깨뜨릴 걸 미리 알고 그런 얘길 했을까요, 아니면 오라클이 그런 얘길 했기 때문에 네오가 꽃병을 깨뜨린 걸까요?

철학쌤 그러게. 오라클의 역할을 뭐라 볼 것이냐에 대해서는 두 가지 견해가 있어. 진짜 예언자라고 보는 견해가 있고, 아니면 예언자 노릇을 통해 다른 사람에게 영향을 미치는 카운슬러라 보는 견해도 있지. 네가 보기에 감독이 오라클의 역할을 어느 쪽으로 설정한 것 같니?

「매트릭스」에서 오라클의 역할은 무엇일까?

중근 저는 오라클이 상대의 마음을 읽는 능력이 뛰어난 카운슬러가 아닌가 생각했어요. 오라클이 네오에게 '그'가 아니라고 말한 후에 "모피어스와 네오 둘 중 하나는 죽어야 하며, 그때 네오는 선택을 해야 할 것", 그리고 또 "우리에겐 모피어스가 없으면 안 돼"라고도 말하잖아요. 또, 모피어스가 그런 얘길 한 게 기억나요. "그녀는 길을 찾도록 도와줄 수 있을 뿐이라네."

철학쌤 그래, 네오는 자신이 '그'가 아니라는 오라클의 예언을 믿고 가상세계로 복귀해서 모피어스를 구하러 가지. 그런데 우리는 영화의 말미에서 네오가 '그'였다는 사실을 알게 되잖아? 오라클의 예언이 틀림으로써 네오는 역설적으로 모피어스와 자신을 동시에 구하게 되는 거야. 트리니티의 사랑이라는 의외의 변수가 죽은 네오를 부활시킨 거지. 그렇게 보면 오라클은 맞는 말이 아니라 네오에게 필요한 말을 한 셈이야.

트리니티의 사랑이 네오를 부활시켰다?!

중근　오라클이 "'그'가 된다는 것은 곧 사랑에 빠지는 것과 같다", "'그'라는 것은 그 누구도 말해줄 수 없으며, 오직 온 몸으로 알 수밖에 없다"고 말했던 게 떠오르네요. 그럼, 네오는 처음부터 '그'가 될 운명을 타고났던 걸까요?

자네가 바로 '그'야.
자네는 나를 수년간 찾았지만,
나는 자네를 한평생 찾았네.

　　　　　　　- 모피어스가 네오에게 한 말

철학쌤 글쎄~. 감독은 해석을 열어놓은 것 같아. 네오는 인류를 위해 자신과 모피어스의 목숨 중에서 자신의 목숨을 희생했어. 만약 네오가 그런 선택을 하지 않았으면 네오가 예수처럼 부활하여 '그'가 될 수 있었을까? 물론 다른 각도에서 생각해볼 수도 있어. 네오는 처음부터 '그'가 될 운명이었고, '그'가 되는 데에 일정한 과정이 필요했다고 말이야.

중근 영화를 떠나서……, 인간에게 정해진 운명이란 게 정말 있는 걸까요?

철학쌤 서양이든 동양이든, 옛날에는 다 운명론이 우세했어. 서양에서는 어떤 별자리를 타고 났느냐에 따라, 동양에서는 사주팔자에 따라 그 사람의 성격이나 재능, 행복과 불행이 정해진다고 봤지. 고대 그리스의 오이디푸스 신화는 "인간이 아무리 발버둥 쳐도 정해진 운명을 벗어날 수 없다, 그러니 오만해져서는 안 된다"는 것을 극적으로 얘기해주는 거잖아. 지금도 오늘의 운세나 한 해의 운세를 심심풀이 삼아 보긴 하지만 운명론이 옛날처럼 기승을 부리진 않아. 대신 결정론이 위세를 떨치지. 결정론이란 세상의 모든 일이 선행(先行) 원인에 의해 결정된다는 입장인데, 인간의 행위나 심리상태도 여기서 예외가 될 수 없다고 해.

인간에게는 자유의지가 있을까?

중근 그럼, 운명론과 결정론의 차이는 뭐예요?

철학쌤 운명론은 현재 상태가 어떠하든 미래가 똑같다는 입장인 반면 결정론은 현재 상태가 달라지면 미래도 달라진다는 입장이야. 가령 네가 이번 기말고사에서 전교 1등을 할 운명이라면 네가 열심히 공부를 했든 안 했든 너는 전교 1등을 할 거라는 게 운명론이야. 결정론은 네 성적은 너의 노력 여하에 따라 달라진다는 입장이고.

중근 아하, 이제 둘의 차이를 알겠어요. 그런데 모든 일이 선행 원인에 의해 결정된다면 인간에게 과연 자유로운 의지가 있을까요? 예를 들어, 네오가 빨간 약과 파란 약 중에서 빨간 약을 고른 것이나 모피어스를 구하러 간 게 그의 자유로운 의지 때문이었을까요?

철학쌤 인간에게 자유의지가 있느냐는 여전히 중요한 논제로 다루어져. 사람들은 흔히 자신이 어떻게 행동할 것인지에 대해 자유로운 선택을 할 수 있다고 생각하지. 자장과 짬뽕 중에서 무엇을 먹을 것인지, 게임을 할 것인지 공부를 할 것인지, 정직하게 살 것인지 적당히 남을 속이며 살 것인지를 마음대로 선택할 수 있다고 생각하거든. 그러나 결정론자들은 이런 생각이 착각에 불과하다고 봐. 밀물과 썰물, 물체의 낙하, 행성의 운동 그리고 그 밖의 모든 자연현상이 예외 없이 인과율[18]의 지배를 받는 것처럼 우리 인간의 행동도 생물학적 요인이나 환경적 요인에 의해 결정된다는 거야. 예컨대 어떤 범죄자가 끔찍한 범

---

18 원인이 없이는 아무 것도 발생하지 않으며, 원인이 같으면 언제나 결과도 같다는 주장.

행을 저지른 것은 그의 유전자 안에 범죄를 저지를 만한 요인이 있었고, 어린 시절에 불행한 일을 경험하면서 세상에 대한 증오의 감정을 내면에 키워온 탓이라고 설명하지.

중근 만약 인간의 행동마저 생물학적 요인이나 환경적 요인에 의해 결정되는 거라면 사회가 끔찍한 범행을 저지른 범죄자를 처벌하는 근거가 뭐죠?

철학쌤 자유의지가 없다면 인간의 행위에 대해 책임을 묻는 게 어려워질 거야. 하지만 결정론자들은 칭찬과 처벌이 가능할 뿐만 아니라 필요하다고 주장한단다. 예컨대 범죄를 저지른 사람을 처벌하는 것은 그 사람이 다시는 범죄를 저지르지 않도록 예방하기 위해서라는 거지.

중근 인간의 행동이 상당 부분 생물학적, 환경적 요인에 의해 결정된다는 주장은 일리가 있어 보여요. 하지만 끔찍한 범죄를 저지른 사람이 개과천선하는 사례나 열악한 환경을 딛고 큰일을 해내는 사람의 사례를 보면 인간의 내면세계는 훨씬 더 복잡한 게 아닐까요?

철학쌤 음~, 나도 네 생각에 동의해. 아직도 많은 사람들이 물리적 세계는 인과율의 적용을 받지만 인간의 내면세계는 인과율의 굴레를 벗어난다고 믿고 있거든. 소립자의 세계에서는 인과율이 적용되지 않는다는 양자역학의 이론도 인간에게 자유의지가 있다는 주장의 한 근거가 되었지.

중근 소립자의 세계에서는 인과율이 적용되지 않는다? 아이고, 그게 대체 무슨 뜻이에요?

철학쌤 **하이젠베르크**의 '불확정성 원리'에 따르면 원자를 구성하는 소립자의 위치와 운동량을 동시에 정확하게 아는 것은 불가능해. 즉 위치를 정확하게 측정하기 위해 센 빛을 비추면 운동량은 변화하게 되고, 반대로 운동량을 정확하게 측정하기 위해 빛의 세기를 낮추면 위치를 정확히 파악할 수 없어. 그래서 소립자의 운동은 확률적으로만 예측할 수 있다는 거지. 한마디로 미시 세계에서 일어나는 일들은 어느 정도 불확정적인 채로 남아 있다는 거야. 그냥 이렇게만 알아둬. 하하!

독일 함부르크 아이젠도르프에 있는 하이젠베르크 고등학교 입구. 간판의 수식은 하이젠베르크가 위치의 오차와 운동량 오차의 곱이 일정한 값 이상일 수밖에 없다는 것을 식으로 나타낸 것이다.

중근 다행이네요. 유전자와 환경에 의해 내 삶이 다 결정된다고 생각하면 너무나 허무할 것 같아요. 참, 선생님이 주신 자료를 보니까, '매트릭스'를 착취와 민중의 저항에 관한 영화라고 해석할 수도 있다던데, 그게 무슨 뜻인가요?

내 생각의 주인은 과연 누구일까?

철학쌤　자본주의 체제에서 노동자들은 자신의 노동력을 상품으로 팔지? 영화에서는 이 현실을 '인간 발전소 장면'으로 극화시켰다는 거야. 끝없이 늘어서 있는 인큐베이터 안에 수없이 많은 벌거벗은 인간들이 무력하게 갇혀 배터리 역할을 하고 있잖아. 이 발전소는 마치 자본을 증식시키기 위해 칸막이 책상들이 촘촘히 들어앉은 사무실에서 꼼짝없이 일만 하는 직원들을 연상시킨다는 거야. 그렇게 보면, '매트릭스'의 인류는 노동자 계급이고 매트릭스의 요원들은 자본의 수호자로 해석할 수 있겠지.

「매트릭스」에 나오는 인큐베이터

중근　그럼 매트릭스는 뭐라 해석할 수 있는데요?

매트릭스는 사방에 있네. 우리를 전부 둘러싸고 있지. 심지어 이 방 안에서도. 창문을 통해서나 텔레비전에서도 볼 수 있지. 자네가 직장에 가거나 교회에 가거나 세금을 내러 갈 때도 느낄 수가 있어.

매트릭스는 바로 진실을 볼 수 없도록 우리 눈을 가려온 세계라네.
- 모피어스의 대사

철학쌤 모피어스의 말을 잘 음미해보면 그 속에 답이 있지 않을까? 음……, **마르크스**에 따르면 자본주의 체제는 인간을 자본의 노예로 만들고, 인간들 사이의 진정한 유대감도 없애는 반인간적 체제라 할 수 있거든. (중근의 어리둥절한 표정을 보며) 우리는 조상들이 꿈도 꾸지 못할 만큼 넉넉하게 살고, 지도자도 직접 뽑고, 우리 인생을 자유롭게 선택하고 있는데 웬 뚱딴지같은 소리냐 싶은 거지? 하하, 그런데 비판이론가인 **마르쿠제**는 『일차원적 인간』이란 책에서 이런 이야길 했어. "주인을 자유로이 선출한다는 것은 주인이나 노예를 폐지한다는 뜻이 아니다. 다양한 상품과 서비스 속에서 자유롭게 선택할 수 있다는 것은, 이들 상품과 서비스가 오히려 고통스럽고 통제받는 삶을 지속시키는 한, 자유를 뜻하는 것이 아니다."

베를린에 있는 마르크스와 엥겔스 기념 동상(좌)
마르쿠제의 묘비명 "Weitermachen!(계속하라)"(베를린 소재)(우)

중근 요즘 우리의 삶을 곰곰 생각해보면 마르쿠제의 주장이 무슨 얘긴지 좀 알 것 같아요. 사실 우리는 남들이 알아주는 대학에 진학하지 못할까 봐 아등바등 경쟁하고 있잖아요. 그런데 사촌형이나 누나 얘기를 들어보면 대학에 가서도 학점 따고 스펙 쌓기 바빠 낭만을 즐길 여유가 없대요. 또, 대학을 졸업하면 좋은 일자리를 구하기 어렵고, 설령 그런 직장을 구했다 하더라도 승진을 위해, 혹은 잘려나가지 않기 위해 안간힘을 써야 한대요. 그런데 왜 사람들은 군말 없이 사는 거죠?

철학쌤 마르크스주의에 의하면 피지배계급 사람들이 이 불편한 진실을 깨달으면 저항할 테니까, 지배계급은 진실을 못 보게 사람들에게 자신들의 이데올로기[19]를 주입하고, 사람들의 의식을 마비시키는 대중문화를 제공한다는 거야. 마르쿠제 식으로 말하면 지배계급은 현재의 상태를 비판 없이 수용하는 '일차원적 인간'을 만든다는 거지.

중근 그러니까 매트릭스는 고통스러운 현실을 직시하지 못하게 하는 일종의 가림막 같은 거네요. 그런데 오늘날 지배계급은 누굴 가리키는 건가요?

철학쌤 마르크스주의에 의하면 한 사회의 지배계급은 그 사회의 주요 생산수단을 소유한 사람들을 지칭해. 고대 노예제 사회에서는 노예를 소유한 사람들을, 중세 봉건제 사회에서는 대토지

---

19 인간·자연·사회에 대해 품는 현실적이며 이념적인 의식의 제반 형태를 뜻한다. 그런데 마르크스주의에서는 지배계급의 이해관계를 옹호하는 이론이나 사상, 신념체계를 지칭하는 데 쓰인다.

를 소유해서 농노에게 경작시키는 영주나 지주들을, 그리고 근대 자본주의 사회에서는 대기업이나 은행의 대주주를 가리키지. 세계화가 진행된 오늘날엔 글로벌기업의 대주주나 대형 펀드의 큰 손쯤 되지 않을까? 그런데 이들은 무력과 협박으로만 피지배계급을 복종시키기 어려우니까, 그들의 자발적 동의를 이끌어내기 위해 그럴 듯한 이데올로기를 만들어 학교나 미디어, 가정, 교회, 각종 클럽 등을 통해 퍼뜨린다는 거지.

중근 그렇담, 자본주의 사회의 이데올로기가 뭐예요?

철학쌤 예를 들면 이런 거야. 우리는 자유민주주의 체제에서 산다. 자유민주주의 체제는 능력 있고 열심히 일하는 사람은 누구나 성공할 수 있는 공정한 체제다. 물론 운이 안 따라 실패할 수도 있다. 그러나 오뚝이 정신으로 다시 도전하고 노력한다면 언젠가 행운의 여신이 그에게 미소를 보낼 것이다. 성공이 곧 행복이다. 그러니, 자기 능력을 최대한 계발하고 근면 성실하게 일하라.

중근 요즘 시련을 딛고 성공한 사람들의 강연이나 오디션 프로그램이 뜨고 있는데, 그것들이 바로 이데올로기를 사람들에게 주입하기 좋은 프로그램이라고 볼 수 있지 않을까요? 사람들은 행운이 극히 소수에게만 돌아간다는 것을 깊이 생각하려 들지 않잖아요.

철학쌤 좋은 지적이야. 이런 이념을 계속 주입받다 보면 가난한 것도, 혹은 비정규직에서 계속 벗어나지 못한 것도 다 내가 못나고 노력이 부족해서라고 생각하게 되지. 중근아, 혹시 네가 갖고 있는 생각들 중에서 누군가에 의해 주입된 생각이라 의심되는 것은 없니?

나는 이제 전화를 끊고 이 사람들에게 당신이 보여주길 원하지 않았던 것을 보여줄 것이다. 사람들에게 당신이 없는 세상, 규칙과 통제도 없고, 경계도 없고 제한도 없는 세상, 모든 것이 가능한 세상을 보여줄 것이다.

- 마지막 장면에서 네오가 외친 말

중근 흔히 선생님들이나 부모님이 말하는 '대학을 가야만 사람대접 받을 수 있다'는 생각이요. 반드시 좋은 대학을 나와야만 뭔가 더 행복한 삶을 살 수 있는 것처럼 느끼게 만드는 것들……. 그러니까 '고등학생 때 노는 것은 죄다', 그렇게 느끼면서 살 수밖에 없다고요. 좋은 대학을 나와 웬만큼 돈을 벌 수 있는 직장을 구해야만 사회에서 인정받고, 결혼도 잘 할 수 있다고 하잖아요! 결혼을 잘 한다는 게…… 그게 뭔지 아시죠? 결혼정보 사이트에서는 재산이나 수입, 학벌, 이런 게 다 점수화된다는데. 마치 저희 내신처럼 말이에요.

철학쌤 그게 주입된 생각이면서 동시에 어느 정도 현실을 반영한다는 게 씁쓸하네. 하지만 이런 생각이 우리가 정말 살고 싶은 삶, 행복한 사회를 가로막는다는 점에서 또 다른 '매트릭스'라 볼 수 있어.

중근 그런데요……. 선생님 얘길 들으니, 머리가 더 복잡해졌어요.

자본주의체제에 문제가 많다 해도 딱히 대안이 있는 건 아니 잖아요?

매트릭스에서 벗어나려면?

철학쌤 글쎄. 사회주의체제가 붕괴한 오늘날, 자본주의 체제의 대안이 나 혁명을 논하기는 껄끄러운 측면이 좀 많아. 그런데 스웨덴 이나 핀란드, 덴마크 등 북유럽 국가들을 보면 우리보다 훨씬 더 인간답고 행복하게 살고 있는 것만은 분명해. 어린이나 청 소년의 행복지수도 높고 말이야. 그 나라들은 사회주의적 요 소를 많이 가미한 자본주의 체제를 채택하고 있는데……. 그 러니, 지금보다 더 바람직한 사회, 더 인간다운 사회는 무엇일 까에 대해 고민의 끈을 놓아서는 안 되겠지? 특히 청소년기에 자신의 머리로 생각하는 연습을 하는 건 매우 중요해.

중근 언젠가 TV에서 핀란드에 관한 다큐를 본 적이 있어요. 아이들 이 스트레스 안 받고 공부하고, 자신이 좋아하는 것에 몰두하 는 모습이 인상적이었어요. 선생님, 저도 제 머리로 생각하고 싶어요. 그럼, 일차원적 인간이 아니라 내 삶의 진정한 주인이 되겠죠. 제 머리로 생각하려면 어떻게 해야 돼요?

철학쌤 으음, 좋아! 우선, 폭넓은 독서를 권하고 싶다. 다른 시대, 다른 나라 사람들의 책을 읽다 보면 낯선 가치관과 사고방식, 삶의 양식을 접하게 되거든. 그러면 지금 이곳에 살고 있는 우리를 거리를 두고 바라볼 수 있는 힘이 생겨. 이때 비로소 반성적 사유가 시작되는 거지. 그런데 청소년기에는 무엇보다도 문학 작품을 많이 읽어보라 권하고 싶어. 시대의 모순으로 인해 상처받고 신음하는 사람들, 그것으로부터 벗어나기 위해 고뇌하고 분투하는 사람들에 대한 연민과 공감을 불러일으키는 데 그만이거든. 나는 그런 섬세한 감수성이 문제를 '아는' 데 머물지 않고 더 나아가 '해결하는' 힘으로 이어진다고 생각해. 또, 교과서나 미디어에서 나온 이야기, 나를 비롯한 어른들의 이야기를 맹목적으로 믿지 말라는 얘기도 해주고 싶어. 그렇다고 청개구리처럼 무조건 반대하려 들지도 않았으면 좋겠고. 네가 지금 갖고 있는 생각들 중에서 지배계급이 진실을 가리기 위해 너에게 주입한 생각이라 의심되는 게 있는지 곰곰 살펴보기 바란다. 끝으로, 종종 PC나 스마트폰, 텔레비전 등과 떨어져 지내라는 말을 해주고 싶어. 그래야 스스로 생각할 수 있는 시간과 힘이 생기지 않겠니?

사이퍼는 바로 나였다

쌤과 얘기하면서 사이퍼의 모습이 사실은 내 모습이었다는 것을 깨달았다. 고통스러운 현실을 마주하기보다 만족스러운 가상현실을 선택하는 사이퍼의 모습은 찌질한 내 모습을 잊고자 인터넷 게임에서 성취감을 맛보려 한 나와 다를 바 없다. 어쩌면 현실이 불만족스럽다 느꼈기 때문에 '지금의 삶이 꿈은 아닐까'라는 의심을 품은 건지도 모른다. 그런데 지금의 삶이 꿈이자, 악마에 의해 놀아나는 것이라고 생각하는 것은 '오컴의 면도날'에 비추어볼 때 불필요한 가정일 뿐이다. 중근아, 정신 차려!

그럼, 선생님이 얘기한 '일차원적 인간'으로부터 벗어나 삶의 주인이 된다는 것은 무엇일까? 이는 네브갓네살 호의 대원들이 그러했듯이 파란 약이 아니라 빨간 약을 먹기로 결심하는 것이리라. 아무튼 내 삶의 주인이 된다는 것은 우선 내가 잘못됐다고 생각하는 습관에서 벗어나는 것이다. 인터넷 게임에 빠지면 나도 모르게 게임의 노예가 된다는 것을 예전에도 알고 있었다. 특히 폭력적 게임에 중독되다 보면 현실과 가상의 세계를 혼동해서 범죄 행위를 저지르고도 그것을 단지 게임의 일종으로 착각하는 '리셋 증후군'에 걸리기 쉽다는 것을 강연에서 들은 적 있다. 하지만 그로부터 벗어나기 어려웠던 것은 내 안에 강한 의지가 없어서였던 것 아닐까. 그렇다고 습관이 되어버린 게임을 벗어나는 게 쉽지는 않을 터. 그래서 뭔가 게임을 대체할 수 있는 게 필요한 것 같다.

그리고 지금까지 내 머릿속이 누군가에 의해 조종됐다면……. 나도 모르는 사이에 누군가에 의해 주입된 생각에서 벗어나기 위해 필요한 것은 선생님이 얘기했듯 폭넓은 독서와 방법적 회의인 것 같다. 그리고 이런 과정을 글로 써본다면 합리적 근거가 없는 생각들은 버릴 수 있겠지. 내 머릿속은 점점 내 스스로 옳다고 믿는 생각들로만 채워질 수 있을 것이다. 아마도 이런 노력이 게임을 대체할 수 있지 않을까? 그리고 이 과정을 통해 지금까지 회피하기만 했던 내 꿈의 윤곽도 그리게 되지 않을까?

매트릭스를 벗어난 현실이 있을까?

보르헤스의 『픽션들』이라는 소설을 읽고 나서 자본주의를 포함해 우리 주변에 널려 있는 모든 것이 진실이 아닌 허구일 수 있겠다는 의심을 하며 혼란스러웠던 적이 있다. 본문에 나오는 '매트릭스' 또한 픽션을 가리키는 다른 말이 아닐까? 매트릭스도 픽션과 마찬가지로 절대적인 세계가 아니고 누군가에 의해서 만들어진 가상의 세계이다. 매트릭스는 빨간 약을 고르고 그 과감한 결단에 따라 고될지는 몰라도 진정한 현실로 나아갈 수 있지만, 픽션은 그 자체로 허구성을 가질 뿐이라는 게 다를 뿐이다.

허구를 벗어난 진실이란 없다. 그렇다고 모든 것이 허구이므로 허망하다는 결론으로 이어지는 것은 아니라고 생각한다. 어차피 모든 것이 픽션(매트릭스)이라면, 더 나은 픽션을 쓸 수 있지 않을까 하는 건강한 생각도 얼마든지 가능하다고 본다.

사실 나는 매트릭스를 벗어난 현실이 있다는 관점에 여전히 동의하지 못하겠다. 나에게는 여기가 현실이라고 생각하기보다 내가 살고 있는 이곳도 매트릭스라는 생각이 더 자연스럽다. 우리는 자본주의에 살고 그 시스템의 폐해나 한계에 대해서 열심히 이야기하지만 그것을 수정하거나 혁명을 통해 갈아엎는다고 했을 때에도 여전히 어떤 체제에 살게 되지 않을까? 여전히 우리는 매트릭스에 살 수밖에 없지만 어떤 매트릭스에 살 것인가가 더 중요한 문제라고 생각한다.

나는 영화 「매트릭스」를 완전히 본 적이 없다. 하지만 설정과 내용만으로도 매력적인 영화라고 생각한다. 그런데 이런 의문이 든다. 매트릭스라는 가상현실이 너무나 생생하고 실감나서 현실보다 더 현실 같아지면 어떡하지? 가상현실이 현실을 압도하게 되었을 때 여전히 빨간 약이 유효할까? 빨간 약조차 허구이지 않을까? 실제로 현재의 우리는 SNS 를 통해 사람과 소통하는 시간이 늘어나고 있고, 영화를 통해 현실에서 꿈도 못 꿀 그런 경험을 하고 있지 않은가? 이럴 때 매트릭스라는 것을 어떻게 바라봐야 할지 좀 더 생각 해봐야 하지 않을까?

— 배선우 학생의 글

우리는
서로를
얼마나
잘 알고
있을까?

남과 여

남자다움, 여성다움?

늦잠을 자는 바람에 아침밥도 못 먹고 정신없이 달려 학교에 도착했다. 교실에 들어서자마자 '딩동댕~' 조회시간을 알리는 종이 울렸다. 복도 쪽을 보니 담임선생님이 지각한 친구들을 붙잡고 훈계하고 있다. 휴~. 오늘도 지각을 했더라면 무지막지한 잔소리를 한참 들을 뻔했다. 잠시 후 자리로 돌아온 짝이 잔뜩 짜증 난 목소리로 말했다. "우리 담임선생님은 남녀차별이 너무 심해! 똑같이 지각해도 남자애들한테는 지각하지 마라로 끝인데 여자애들한테는 너는 왜 여자애가 지각을 하냐는 둥, 옷은 단정하지 못하게 왜 이렇게 입었냐는 둥…… 별걸 다 가지고 따진다니까!"

담임선생님이 그랬었나? 혼이 난 탓에 짜증이 나서 그러겠지 흘려듣는데 어쩐지 "여자애가~"라는 말이 자꾸만 귀에 거슬린다. 그러고 보니 우리 할아버지도 그런 이야기를 할 때가 있다. 주로 이런 식이다. "너는 어째 남자애가 되어가지고 여자보다 더 겁이 많으냐?" 왜 어른들은 남자와 여자의 성격이 딱 정해진 것처럼 이야기하는 걸까? 남자고 여자고 나는 나인데 말이다!

수업이 시작된 뒤에도 괜히 집중이 안 된다. 딩동댕동~. 어라? 벌써 1교시가 끝났나 보다. 멍하니 고개를 들었는데 철학쌤이 내 앞에 서 있다.

"무슨 생각을 그렇게 골똘히 하고 있어?"

수업을 듣지도 않고 다른 생각에 빠져 있던 게 죄송해서 사실대로 이야기했다. 조용히 듣고 있던 철학쌤은 내 공책 한쪽을 펴고 가운데에 원을 크게 두 개 그려넣더니 다시 나에게 주었다.

"여기에 남자다움, 여자다움을 쓰고 그 특징을 생각나는 대로 최대한 많이 적어봐. 그리고 일주일 뒤에 다시 만나는 거야. 오늘 수업의 개인 숙제다."

음흉한 미소를 지으며 성큼성큼 교실을 나가는 철학쌤. 으악! 뭔가 잘못 걸렸다!

(일주일 후)

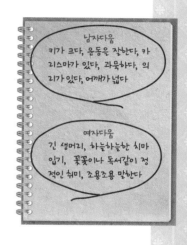

철학쌤 얼마나 열심히 조사했는지 볼까?

민수 생각보다 별로 떠오르는 단어들이 없었어요. 그냥 딱 정해진 것처럼 '이 정도면 남자답고, 이 정도면 여자답다' 뭐 그런 게요.

철학쌤 으음! 그럼 질문을 바꿔볼까? 남자인 너에게 '여자답다'고 하면 기분이 어때?

민수 그야 저는 남자니까 여자답다고 하면 기분이 나쁘지요. 뭔가 깔보고 놀림당하는 기분이에요. 그건 여자애들도 마찬가지일걸요. 여자애한테 "너 남자 같다"고 하면 기분 나빠할 거예요.

철학쌤 정말? 같은 질문에 60%가 넘는 여학생들이 남자답다고 하는 것도 괜찮다고 말했고, 심지어 여자답다고 하는 것보다 남자답다고 하는 게 더 기분 좋다고 말하는 친구들도 있었어. 남자답다는 말이 "능력 있고, 리더십 있고, 유난스럽지 않고, 털털하다"고 평가받는 것 같아서 오히려 더 좋다고 말이야. 심지어 어떤 여자애들은 여성스럽다고 말하면 놀리는 것 같다고 하면서 싫다고 했다니까!

민수　예? 그러고 보니 운동을 잘하거나 보이시한 매력을 가진 여자애들이 다른 애들의 동경의 대상이 될 때가 있는 것 같더라고요. 남자애들은 '남자 같은 여자애'들을 별로 안 좋아하는데. 아마 그런 애들은 여자보다 남자가 우월하다고 생각하는 게 아닐까요?

철학쌤　우월하다……. 왜 그런 생각을 하게 되었을까? 아! 어쩌면 선천적으로 남성이 여성보다 훨씬 우월한 존재일지도 모르지!!

민수　전 남자니까 원래부터 남자가 우월하다는 주장에 동의하고 싶지만, 여자들은 동의하지 않을 것 같은데요.

철학쌤　왜 그렇지?

민수　과학시간에 배운 것처럼 그냥 성염색체의 차이로 남자와 여자가 갈린 거잖아요. 성별을 결정하는 X염색체와 Y염색체로요. 물론 성별에 따라 나오는 호르몬이 다르니까 차이가 있겠지만요.

철학쌤　오! 평소에 과학 공부를 열심히 하는 모양이구나. 그렇다면 이것도 알고 있니? 원래 모든 인간은 여성을 결정하는 유전자인 XX로 되어 있었다는 사실 말이야. 남성을 만들어낸 Y염색체는 돌연변이라서 크기도 X염색체와 비교하면 1/3 정도로 현저하게 작아. 게다가 남성의 호르몬이라고 불리어지는 테스토스테론은 여성에 비해 남성에게 조금 더 많이 흐를 뿐이지, 여성한테도 똑같이 흘러. 마찬가지로 남성에게도 여성의 호르몬이라고 불리는 에스트로겐이 흐르고.

민수　그럼, 여자나 남자가 별 차이가 없잖아요!

철학쌤　그래. 그런데 왜 우리는 여자답다는 말을 더 듣기 싫어하는 걸까?

민수　글쎄요. 아! 여자가 차별받는다고 생각해서 그런 것 같아요. 뉴스에서도 나오는 것처럼 여자가 취업하기도 더 힘들고, 사회에서도 남자에 비해 차별을 받고요. 우리 고모가 하는 말을 언뜻 들으니 여자들에겐 승진 장벽이란 게 있대요.

그런 걸 유리 천장[20]이라고 하던데요?

철학쌤 차별! 아주 중요한 단어를 찾아냈구나. 이 책을 빌려줄 테니 열심히 읽고 다음

주에 다시 만나자.

민수 헉, 또요?

* * *

수업시간에 딴 생각을 한 벌 치고 2주는 너무 길다. 하지만 여성스러움이 왜 존중받
지 못하는지 궁금했기에 나는 선생님이 주신 『이갈리아의 딸들』을 조심스레 열어보았다.
첫 페이지에 다음과 같은 문장이 나왔다.

맨움이 지배하는 사회에서는 모든 땅의 생명이 죽어 없어질 거야.

만일 맨움을 억압하지 않는다면,

만일 맨움이 제지되지 않는다면,

만일 그들이 교화되지 않는다면,

만일 그들이 '그들의 자리를 지키지 않는다면'

생명은 소멸할 거다.

어라, '맨움'이 뭐지? 궁금증을 품은 채 책을 읽기 시작했다.

---

20 유리 천장(glass ceiling)은 충분한 능력을 갖춘 사람이 직장 내 성 차별이나 인종 차별 등
의 이유로 고위직을 맡지 못하는 상황을 비유적으로 이르는 경제학 용어이다. 이 용어에
서 '천장'은 승진을 방해하는 상황을 비유한 것이며, 이런 차별이 공식적인 정책에는 드러
나지 않아 존재하지 않는 것처럼 보이므로 '유리'라는 표현을 쓴다.

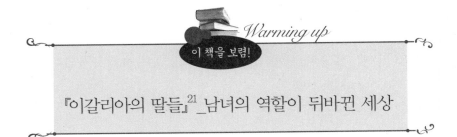
『이갈리아의 딸들』[21]_남녀의 역할이 뒤바뀐 세상

도나 제시카를 하느님 어머니의 딸이라고 믿는 이곳 이갈리아(Egalia)
는 생명의 근원인 움이 오랫동안 지배해왔다. 우리에게는 낯설지만 이
갈리아에서는 당연한 몇 가지 용어로 그곳의 특징을 설명할 수 있다.
움은 여성, 맨움은 남성이다. 2차 성징이 나타나게 될 즈음이면 맨움
은 '페호'을 착용한다. 움은 중요한 것이 속에 들어 있기 때문에 어떤
것도 감출 필요가 없다. 움은 맨움보다 언제나 더 자유롭다. 맨움들은
작고 통통한 몸집, 스스로를 지킬 줄 아는 절제가 미덕이다. 간혹 밤
거리를 다니다 성폭행을 당하더라도 그것은 자신의 몸을 지키지 못한
맨움의 문제이다. 게다가 남성은 아이를 낳지 못하는 몸이기 때문에
생물학적으로 열등하고, 성적 쾌락을 느끼려면 불필요한 삽입—그에
따른 원하지 않는 임신—이 필요하기 때문에 성욕을 억제하기 위해
서 지속적으로 약을 먹어야 한다. 반면 움은 절대적으로 자신이 원할
때마다 성을 즐기며 출산할 수 있다. 그들은 임신하는 동안 일을 하지

---

21 이갈리아의 딸들, 게르드 브란튼베르그 지음, 이현정 옮김, 황금가지, 1996. 여자와 남자가
뒤바뀐다면 어떨까라는 호기심에서 출발한 소설. 작가는 평등주의와 유토피아를 합성
하여 새로운 나라 '이갈리아'를 창조했다. 내용이 궁금한 사람은 아래 사이트를 방문해보
면 좋을 듯하다.
http://ch.yes24.com/Article/View/13597

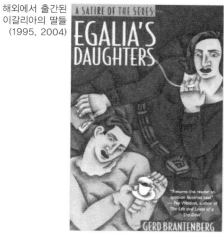

해외에서 출간된
이갈리아의 딸들
(1995, 2004)

않아도 월급을 받고, 엄청난 출산 장려금을 받는다. 출산의 과정은 늘 신성시된다.

또한 움들은 사회 각 분야에서 요직을 차지할 뿐만 아니라 선원일과 같이 힘이 필요한 일도 도맡아 하는 반면 맨움들은 결혼을 하면 '하우스바운드'라고 불리며 집안일과 양육을 도맡는다. 미모를 가꾸며 움들의 사랑만 받으면 된다. 움, 맨움 모두는 타고난 기질대로 각자의 역할을 맡아 살아가고 있다.

이런 삶에 반기를 든 맨움 소년이 있다. 잠수부를 꿈꾸는 페트로니우스는 맨움은 잠수부가 될 수 없다는 현실에 좌절한다. 그 순간 그는 이갈리아가 정말로 유토피아인지 궁금해진다. 왜 맨움은 잠수부가 될 수 없는 것일까? 왜 맨움은 각자의 능력을 인정받지 못하고 아이 양육에만 치중해야 하는 걸까? 왜 자신처럼 마르고 키가 크며 힘이 센 맨움은 인기가 없을까? 움은 강하고 능력 있으며, 맨움이 열등하다는 것은 진짜일까?

"우리를 옥죄이는 페호를 불태우자"고 하면서 맨움 해방운동을 펼치고 평등을 외치는 페트로니우스. 과연 그는 평등한 사회를 만들 수 있을까?

> "맨움들이 항상 묵인하고 있었다는 것은 사실이 아니야. ……맨움들은 무수한 저항을 했어. 여러 가지 방법으로. 맨움이 권력을 쥐었던 사회가 있었지. 문제는 우리가 모권제 사회에 살기 때문에 그런 저항이나 가부장적 사회에 대해서 들은 바가 없다는 거야. 역사가들은 그런 것들에 대해선 아무것도 쓰지 않지. 역사가들은 움들이니까. 인류학자들 또한 아무것도 쓰지 않지. 인류학자들도 움이니까. 그게 이유야. ……노동자 계급이 억압받고 있다고 지적하는 것보다 맨움이 억압받고 있다고 지적하는 것이 훨씬 더 지독하고 극단적인 것이라고 한다면, 아마도 그것은 성적 억압이 계급 억압보다 훨씬 더 지독하고 극심하기 때문일 거야."[22]

일주일 후. 무언가 마음속에 남아 있는 것을 빵 터뜨려야겠다는 절박함을 안고 다시 철학쌤을 찾아갔다.

---

22 앞의 책, 228쪽.

왜 남자는 끔찍한 페호를 차야 해?

철학쌤   책 어땠니? 재미있었지?

민수   아!! 말도 마세요. 너무 끔찍했어요.

철학쌤   끔찍했다고? 어떤 점이?

민수   여성과 남성의 역할이 완전히 뒤바뀐 것도 이상했지만 페호 (peho)를 차고 살아야 한다고 생각하니 정말 싫었어요! 페호를 불태울 때 얼마나 통쾌했는지 몰라요!!

철학쌤   남성 속옷 말이구나! 성기를 감추기 위해서 꽉 조여놓았다고 하니, 정말 생각만 해도 갑갑해. 화장실에 갈 때도 얼마나 힘들었겠어. 일일이 다 풀어야 하고 말이야.

민수   여성의 성기는 중요한 것이라서 몸 안에 숨겨져 있는데 남성의 것은 중요하지 않아서 밖에 있다고 표현한 거라든지, 순종적이지 않은 맨움의 남근을 잘라버려야겠다고 했던 문장도 기억나요.

철학쌤   사실 페호는 소설에서 아주 중요한 성 차별 소재야.

민수   차별은 그것뿐만이 아니에요. 임신을 하면 무조건 딸일 거라는 기대를 하고, 남자는 공학에 소질이 있고 산수에 뛰어난 머리를 가져도 사회에 나가서 일하는 대신 그냥 집에서 아이들을 양육하는 데에만 시간을 보내잖아요. 게다가 주인공 페트르니우스가 생일 선물로 받은 잠수복에도 페호가 붙어 있어 웃음거리만 되었다고요! 딱 달라붙는 잠수복에 페호라니, 일부러 더 강조하는 것 같잖아요! 으악! 생각하니까 또 짜증 나요.

철학쌤 정말로 화가 많이 났구나. 그런데 바꿔 생각해보면 우리 사회도 마찬가지 아냐? 예컨대 우리가 답답하게 생각하는 페호는 여성들이 건강상 좋지 않음에도 아름다움을 위해 착용하는 브래지어와 같지. 그렇지만 우리는 신경도 안 써. 오히려 아름다운 몸매를 가진 여성에게 아낌없는 찬사를 보내잖아. 인류학자 **레비스트로스**가 "원시시대의 여자들은 유통 교환되는 존재"라고 말했는데, 현재는 그 정도까지는 아니더라도 차별받고 있는 경우가 많은 건 확실해. 한번 예를 들어볼까? 어떤 사랑하는 연인이 결혼을 해서 아이를 낳았어. 누가 아이를 키워야 할까?

레비스트로스

민수 그야 여자겠지요. 여자가 남자보다 아이를 더 잘 돌보잖아요. 젖도 주어야 할 테고요.

철학쌤 정말로 그럴까? 남자가 더 잘 키울 수도 있잖아. 모유 대신 우유를 주면 되고.

민수 에이~ 모유가 훨씬 더 좋잖아요. 그러고 보니 책에도 그런 이야기가 있어요. 맨움들이 움보다 더 아이를 잘 보기 때문에 집 안일을 해야 한다는 장면이요. 아이를 돌보고 집안일을 하기 위해서는 힘이 세야 하고, 맨움이 그에 적합하다고 했던 장면 이 떠올라요. 제가 사촌 동생을 안고 좀 걸어본 적이 있는데 요. 정말 무겁더라고요. 팔이 빠지는 줄 알았어요. 그러면 남자 가 아이를 키우는 게 맞는 것도 같아요.

철학쌤 보통 우리는 아빠가 회사를 그만두고 아이를 돌볼 수도 있다 는 걸 생각하지 못해. 집안일을 도맡아 하는 남자가 있으면 무 시하는 발언을 하고 말이지. 여자니까 당연히 아이를 키워야 한다는 건 우리의 편견이야.

민수 아~, 이번에 제가 새삼 놀란 건요. 책에서는 인간을 가리키는 말로 여성을 뜻하는 '움(wom)'을 같이 쓰잖아요. 남자는 맨움 (manwom)이고요. 이갈리아의 사회와 비교해서 생각해보면 우 리 사회는 정말 남성 중심의 사회인 것 같아요. 뭐든지 남성 중심으로 되어 있어요. 'man', 'woman' 뭐 이렇게요.

철학쌤 그래서 여자들은 이 책을 읽으면서 신이 나지만, 남자들은 화 를 내는 게 아닐까, 너처럼 말이야. 이야기 속 세상은 남자에게 훨씬 불평등한 사회잖아.

민수 예, 맞아요. 맨움이 움에게 '부성보호'를 받는 장면에서 그런 모습을 찾을 수 있어요. 부성보호를 받으면 그 맨움은 움이 낳 은 아이의 아버지로서 생계를 보장받을 수 있게 되는데, 그걸 굉장히 자랑스러운 걸로 표현하잖아요.

철학쌤 아이를 길러야 하는 의무와 함께 선택되는 거지. 그렇지만 그들은 결국 아이와 함께 움에게 소속되는 거야. 그런데 왜 우리 사회는 이갈리아와 달리 여성이 억압을 받게 된 걸까?

여성 차별은 신체적 차이 때문이다?

민수 저는 이 장면에서 우리 사회의 남녀차별의 발생 원인을 생각해볼 수 있었어요.

땅딸보 꼬마 판당고가 손을 들었다.
"우리 사회에서 약한 자는 어느 쪽이죠? 강한 자가 약한 자를 보호해야 한다고 말씀하셨잖아요. 약한 자가 어느 쪽이에요?"
"움이죠."
올모스가 대답했다. 잠시 학급 전체가 그에게 주목했다.
"그럴 리가 없어요." 앤 문힐이 말했다. 그녀는 이 학급의 반장이었다.
"그렇게 생각하는 것도 이해해요. 그렇지만 잘 생각해본다면 움이 실제로는 더 약한 자라는 것을 알게 될 거예요. 움은 강한 성이라고 알려져 있지만 말이죠. 움을 강한 성으로 만든 것은 문명일 뿐이에요. 자연의 관점에서는 즉, 순전히 생물학적으로는 움이 맨움보다 더 약하답니다."[23]

---

23 앞의 책, 26~27쪽.

남성이 여성보다 생물학적으로나 신체적으로 더 강하다는 건 부인할 수 없는 사실이잖아요. 책처럼 강자가 약자를 보호해야 하고요. 그렇다면 남성과 여성의 차별이 있는 것은 신체의 차이 때문이 아닐까요? 선천적으로 조건이 다르니까 당연히 차별이 일어날 수밖에 없는 거죠. 체력장에서도 남자애들은 2000미터를 뛰어야 하는데, 여자애들은 1600미터를 뛰잖아요.

철학쌤 신체적 차이를 이유로 원시시대부터 여성들은 사냥에서 제외되곤 했지. 그럼 남녀의 선천적 차이가 무엇인지 한번 찾아 적어볼까?(끄적끄적) 자, 이 정도면 되겠다.

철학쌤 신체의 차이는 앞서 이야기했으니 2번부터 살펴보자. 2번의 경우 19세기 신경학자들의 연구로부터 시작되었어. 유명한 해부학자 **폴 브로카**는 시체 해부를 통해 두개골과 뇌의 무게를 재면서 여자의 뇌가 남자의 뇌보다 더 작다는 것을 발견했지. 그리고 그 사실로 여자가 남자보다 지적으로 열등하다고 말했어.

민수 그래요? 그런데 왜 여자애들이 더 시험을 잘 보는 거죠?

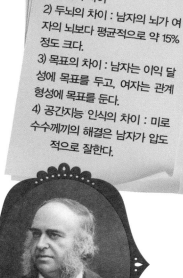

1) 신체의 차이

2) 두뇌의 차이 : 남자의 뇌가 여자의 뇌보다 평균적으로 약 15% 정도 크다.

3) 목표의 차이 : 남자는 이익 달성에 목표를 두고, 여자는 관계 형성에 목표를 둔다.

4) 공간지능 인식의 차이 : 미로 수수께끼의 해결은 남자가 압도적으로 잘한다.

폴 브로카

철학쌤 안타깝게도 곧장 뇌 크기가 지적 능력과 별 관계가 없다고 판명되었거든. 천재로 알려진 아인슈타인의 뇌도 평균 무게보다 10%나 작았어.

민수 그럼 2번은 별로 중요한 차이가 아니네요. 세 번째는요?

철학쌤 이 부분도 뇌와 관련 있어. 만 1~6세 어린이를 대상으로 실험한 건데 말이야. 한 눈에는 사물이 보이고 다른 한 눈에는 사람의 얼굴이 보이는 쌍안경을 주고, 무엇을 보았는지 묻는 거였지. 남자아이들은 사물의 이름과 형태를 주로 말한데 비해 여자아이들은 사람들과 상황에 대해서 말했다고 해. 학교에서도 이런 모습을 쉽게 발견할 수 있지. 전학생이 오는 경우, 여자애들은 친절하게 여러 가지 질문을 던지면서 다가가는 반면 남자애들은 아무도 말을 걸려고 하지 않아. 여자애들은 상호작용에 중점을 두지만 남자아이들은 경쟁 등에 더 관심이 많거든. 이에 대해 동일한 주장을 한 과학자들도 있어. 캐나다의 과학자인 **샌드라 위틀슨**이 두뇌의 정서 위치를 조사해본 결과, 남자는 정서 위치가 주로 우뇌에 있는 반면 여자는 양쪽 뇌 모두에 분포하더라는 거야.

민수 맞아요. 모둠 숙제를 할 때 봐도 여자애들이 더 잘 모이더라고요. 성과도 더 좋고요. 그런데 선생님 말씀을 들으니 선천적인 차이는 별로 큰 것 같지 않은데요? 나머지

샌드라 위틀슨

예시들도 그렇고 말이에요.

철학쌤 고대 그리스의 어떤 철학자 역시 남녀의 차이가 중요하지 않다
고 말했어. 그는 가장 잘 통치되는 국가가 어떤 국가인지에 대
해 설명하면서 "남녀의 차이가 있
는 게 아니라 각 개인의 차이
가 있을 뿐"이라고 말했지.
그가 바로 **소크라테스**인데,
플라톤의 작은 형이자 제자
였던 글라우콘과의 대화를 통
해 여성의 정치 참여에 대해 이렇
게 말했단다.

소크라테스   플라톤

소크라테스 : 자네는 여성이 국방의 의무에 참여해야 하고 사냥에
　　　　　　참여해야 하며 가능한 모든 방법으로 모든 것에 대
　　　　　　해 자기 몫의 역할을 해야 한다는 것에 동의하나?
글라우콘 : 그렇습니다.
소크라테스 : 여성 수호자의 역할과 교육에 대해 생각해보세. 여
　　　　　　보게, 나는 국가를 경영하는 데 여자만이 할 수 있
　　　　　　는 일이 있거나, 남자만이 할 수 있는 일이 따로 있
　　　　　　다고는 생각하지 않아. 오히려 여러 가지 성향이 양
　　　　　　쪽 성에 비슷하게 흩어져 있어서 모든 일에 남자와
　　　　　　여자 모두가 관여하게 되지.
글라우콘 : 맞습니다.

소크라테스 : 그렇지만 여자 자체를 놓고 보면, 어떤 여자는 수호
자의 자질을 갖추었으나 다른 여자는 그렇지 못하
네. 따라서 여자고 남자고를 떠나 국가 수호와 관련
해서는 그 성향이 같아. 그러니까 수호자의 자질을
갖춘 여자들은 이런 부류의 남자들과 함께 살면서
함께 국가를 수호하도록 선발되어야만 해. 그들은 능
히 그럴 수 있고 성향에서도 남자들과 같으니까 말
일세. 따라서 여성 수호자들이 남자와 마찬가지로
시가와 체육교육을 받도록 하는 것이 당연하겠지?

글라우콘 : 그렇습니다.[24]

민수　고대 그리스는 시민의 기준에 여성, 노예 등을 포함시키지 않
았을 만큼 여성을 낮추어 보았다고 들었어요. 정말 깨어 있는
사람이네요!

철학쌤　이후에 소크라테스는 바람직한 국가를 형성하기 위해 처자식
을 공유해야 한다거나 산아제한을 해야 한다거나 하는 주장
을 이어나갔어. 그래서 그가 설정한 국가에는 가족 같은 특수
집단들이 배제되었고 그러다 보니 여성의 역할을 어떻게 설정
해야 할지 몰라 어쩔 수 없이 남성과 같은 역할을 부여하게 된
것이었다는 비판을 받기도 했지. 진실은 소크라테스만 알고 있
겠지만 말이야. 어쨌든, 남녀의 뇌구조나 정서적 차이 등이 분

---

24 국가 : 올바름을 향한 끝없는 대화, 플라톤 저, 송재범 역주, 풀빛, 2005, 101~102쪽.

명히 다르지만 남성과 여성이라는 성역할을 만들어낼 만한 큰 차이가 되지 않는다는 데 동의하니?

민수 예. 전적으로요.

문명이 남녀의 차이를 낳는다?

철학쌤 그런데 이 책에서는 어떻게 남녀의 선천적인 신체적 차이를 뒤바꿀 수 있었지?

민수 음, 그건……. 아! 문명이에요! 역사 선생님 올모스의 수업시간에 그런 내용이 나오죠. 태어날 때부터 움이 더 약하고 신체가 더 작은데도 더 강하다고 여겨지는 것은 맨움보다 더 열심히 신체훈련을 하기 때문이라고요. 대신 맨움들은 우아하게 걷거나 소프트볼 같은 게임을 해서 운동과 거리가 멀게 만들고요.

철학쌤 사회문화가 그렇게 형성된다면 남성을 대표하는 신체의 힘도 여성의 것처럼 바꿀 수 있겠네?

민수 그렇죠! 제가 그 전에 적었던 남성성과는 달리 책에서는 키가 작고 뚱뚱하고 다리도 짧고 어깨도 좁고 곱실거리는 머리에 예쁜 얼굴을 가진 맨움이 아름답다고 표현되어 있고, 움들에게도 인기가 있어요. 역사 선생님은 키가 크고 근육이 많아 누구에게도 부성보호를 받지 못했던 노총각으로 늘 주위사람에게 놀림거리가 되고요. 이건 완전히 남성성을 억제하고 없애버리는 시도였던 것 같아요. 맨움이 힘이 강한 것을 부정적으로 바라보고 없애버리는……. 곰곰이 생각해보니, 강한 여자나 약한 남자를 부정하는 우리 사회의 인식 패턴은 어른들의 잘 못인 것 같아요.

철학쌤 어른들의 잘못?

민수 예. 저희 할아버지는 제가 어렸을 때부터 남자는 평생에 세 번만 우는 거라고 항상 못 박듯 이야기하셨거든요. 저희 정도만 되도 남자, 여자 구별이 잘 없는데 어른들은 만날 그렇게 말하잖아요. "남자라면 이래야 한다, 여자라면 이래야 한다"라고요.

철학쌤 우리 주변에서 그런 경우를 조금 더 찾아볼까?

민수 제 여자 사촌동생이 아직 어린데요. 입은 옷을 보면 다 노란색이나 분홍색 계열이에요. 반대로 남자애들 색은 파란색이나 검은색이고요. 장난감도 남자애들에게는 총이나 칼을 선물하는데 여자애들에게는 인형이나 주방놀이를 선물하잖아요? CF에서도 여자는 화장품 같은 것을, 남자는 자동차 같은 것을 선전하고요. 예전에는 그런 것을 별로 대수롭지 않게 생각했는데 지금 보니 그런 게 다 성역할을 결정짓는 데 한몫하는 거 같아요. 주인공 페트로니우스가 자신의 비밀을 들키지 않으려고 여동생이 제일 갖고 싶어 하는 것을 고르는데, 그때 주저하지 않고 칼을 고르잖아요. 대신 자기는 다른 사람에게 잘 보이기 위해 팔랑거리는 치마나 화려한 가방을 고르고요. 어떤 사회든지 만들어진 문명과 만들어진 성역할이 있는 거죠!

철학쌤 '만들어졌다!', 와 유레카! 점점 철학자가 되어가는구나. 너처럼 "여자는 태어나는 것이 아니라 만들어지는 것"이라고 주장했던 학자가 있어. 「제2의 성」이라는 논문을 써서 유명해진 **보부아르**가 바로 그 사람이야. 그녀는 여성해방운동에 관심이 많은 작가이자 여성운동가였어. 보부아르는 여성성이라는 것이 남성을 기준으로 만들어졌고, 그 때문에 여성은 억압받고 있다고 생각했지. 여성은 여성대로 살라고 끊임없이 교육받는다는 거야. 그리고 그 유명한 말을 남겼단다. "여자는 태어나는 것이 아니라 길러지는 것이다!"

1960년 쿠바에서 체 게바라를 만난 시몬 드 보부아르와 장 폴 사르트르

민수 이런 주장을 했던 또 다른 철학자는 없나요?

철학쌤 있지. 근대 철학자 **루소**는 교육에 있어서도 남녀가 각기 다른 내용을 배워야 한다고 주장했어. 루소는 『에밀』이라는 책을 통해 당대에 없던 자연주의 교육법을 설파했지만, 여성의 교육에 대해서는 굉장히 소극적이었어. 여자는 '아름다움을 가꾸고 아이를 잘 키우기 위한 적당한 교양을 가지고 있으며, 남성을

장 자크 루소

제네바에 있는 루소 동상

즐겁게 해주는 존재'라고 보았거든.

민수   으악! 『이갈리아의 딸들』이라는 책이 왜 나왔는지 알겠어요. 책의 2부에 남성해방운동이 나온 이유도 이해되고요. 맨움들이 가슴이 없고 턱수염이 나고, 목소리가 갈라져서 기묘한 저음이 되고, 아이를 낳을 수 없다는 데 부끄러움을 갖고 감추어 온 것은 그들이 정말 열등해서가 아니라 그것이 부끄럽다고 배웠기 때문이라는 것을요. 작가는 여성 역시 우리 사회에서 그런 교육을 받고 열등한 인간인 양 취급을 받고 있다고 말하고 싶었을 거예요.

철학쌤   그럼, 남성성과 여성성이 생겨나는 것은 자라면서 사회적으로 주어진 역할과 상황에 적응한 결과라고 결론 내린 거야?

민수   선생님 말씀을 들어보니 대체적으로 그런 것 같은데요!

남성다움, 여성다움은 오직 사회·문화적 요인 때문일까?

철학쌤   그렇다면 이 책의 내용을 소개해줘야겠구나. 『타고난 성, 만들어진 성』[25]이란 책이야. 실제 있었던 일을 인터뷰를 통해 출간한 책이지. 일란성 쌍둥이로 태어난 형제 중 한 명이 포경수술을 하다가 사고로 성기가 없어지게 돼. 당황한 부모에게 의사는 호르몬 치료와 학습을 통해 성을 변화시킬 수 있다고 말하면서 생식기를 완벽히 수술하여 여성으로 살게 하자고 제안해. 그렇게 어렸을 때부터 치료를 받고 여자로 교육 받았음에도 불구하고 아이는 서서 소변을 보거나 여성의 2차 성징 즉 가슴이 생기거나 엉덩이가 커지는 것을 거부하고, 여성미를 없애기 위해 살을 찌우는 등 이상 행동을 보여. 성인이 되어 아버지로부터 유년기의 진실을 듣게 된 그는 다시 생식기 재건 수술을 받아 남자가 된단다.

민수   아악~~ 이게 뭐예요! 도대체 뭣 때문에 남성성과 여성성이 생기고 달라지는 거죠?

철학쌤   심리학자들 중에는 아주 새로운 이야기를 던지는 경우도 있어. **프로이트**는 인간의 성장과정을 5단계로 정리했는데 그중에 남근기, 즉 남성 성기에 대한 이야기가 나와. 그는 여자아이들은 태어날 때부터 남자아이처럼 남근을 가지지 못했다는 박탈감

---

25 타고난 성 만들어진 성: 여자로 길러진 남자 이야기, 존 콜라핀토 저, 이은선 역, 바다출판사, 2002.

을 느껴서 열등감에 빠진다고 주장했어. 그렇기 때문에 성기를 가진 아버지에 대한 동경을 가지게 된다는 거야. 반면 남자아이는 어머니를 사랑하면서 동시에 연적인 아버지로부터 거세당할지도 모른다는 공포에 빠지게 된다는 거고.

민수 맞아요, **오이디푸스 콤플렉스**. 저도 들어봤어요. 소설에서 맨 움들이 월경을 하지 못하는 자신들의 처지를 한탄하는 모습처럼 애초부터 없는 것에 대해 느끼는 박탈감, 뭐 그런 거죠? 그런데 그것이 어떤 영향을 주었다는 것이지요?

철학쌤 프로이트는 그런 여성의 열등감이 **초자아**를 키우지 못하고, 그 영향으로 여성은 동정적이며 사심이 없고 친절한 마음을 지니게 된다고 보았지. 우리가 보통 말하는 여성성이 열등감의 표출이라는 거야. 반면에 남자아이들은 아버지와의 관계를 통해서 동일시의 과정을 거치게 되고 아버지처럼 되고 싶다는 동일시를 경험하게 된다고 해. 그렇지만 신프로이트학파였던 **초도로우**는 그렇게 생각하지 않았어. 오히려 양육 초기의 심리적 경험에 기반을 두고 이야기를 했지. 앞에서 이야기한 대로 아이를 주로 양육하는 사람은 엄마잖아? 그런데 엄마가 아들을 낳으면 다른 성이라고 인식해서 일찍 정서적 단절이 이뤄지는 반면에 딸과는 자신을 동일시하면서 더 친밀감을 유지한다는 거야. 그 때문에 감정이입의 기반 등이 형성되면서 정서적인 측면이 더 발달하는 여성성이 키워진다고 말한 거야. 남자아이들은 단절을 경험했기 때문에 반대의 모습이 나타나고 말이지.

190

지그문트 프로이트의 초상

구스타프 모로의 「스핑크스와 오이디푸스」

민수 그럴 수도 있을 것 같아요. 그런데요 선생님. 남성성과 여성성
이 중요하지 않거나 그것이 어느 한쪽의 차별로 이어지지 않
는 사회는 올 수 없는 걸까요?

철학쌤 100년 아니 50년 뒤를 상상해볼까? 지금도 그렇지만 시간이
많이 지나면 남녀의 역할에 대한 구분이 훨씬 더 모호해질 거
야. 신체의 힘이 강조되는 시기는 지났으니까. 오히려 세밀하고
감성적인 측면이 강조되기 시작했잖아? 아마 남자다운 여자나
여자다운 남자들이 많이 생겨나겠지.

민수 그러고 보니 예쁜 그릇에 아름다운 요리를 담는 것이 즐거움이
라는 남자 요리사라든가, 근육으로 세계에서 상을 받은 여자
트레이너 등이 매체에도 자주 등장하긴 해요. 근육질의 모델로
유명했던 한 남자 연예인은 어떤 프로그램에서 김치며, 각종 요
리를 뚝딱 만들어내서 아줌마라는 별명을 얻기도 했고요. 쉴
새 없이 잔소리하던 그 아저씨가 또 떠오르네요. 하하.

철학쌤 어쩌면 네가 말한 사회는 이미 나타나고 있는 건지도 몰라.

남녀평등사상은 언제, 어떤 계기로 나왔을까?

철학쌤 그런데 말이지. 이런 결과도 눈여겨보아야 해. 2013년에 세계경
제포럼에서 성평등 지수를 조사한 적이 있어. 이 보고서에는
남성과 여성이 얼마나 평등하게 대우받는지 조사한 결과가 나
와 있는데 말이야. 놀랍게도 한국은 136개국 중 111위를 차지

했어. 비슷한 순위로 중동국가 아랍에미리트, 바레인, 카타르 등이 있었지.

민수 앗, 정말요? 그렇지만 중동국가는 아직도 가족의 명예를 위해 여성을 살인하는 명예살인이 있다고 들었던 것 같은데, 설마 우리나라가 그 정도일까요?

철학쌤 부분적으로 높은 항목도 있었지만, 경제 활동 참여 기회나 정치적 역량 발휘에서 낮은 점수를 받았대. 그런데 말이야. 그거 알고 있니? 조선시대 초기까지만 해도 우리나라 여성들은 사회적 지위를 인정받았다는 거.

민수 알아요! 신라에는 여왕이 세 명이나 있었다고 역사시간에 배웠어요.

철학쌤 그런데 조선 중기 이후부터 여자의 재산권 상속이 사라졌고, 삼종지도(三從之道)처럼 "여자는 태어나면서 아버지, 남편, 아들 이렇게 세 명을 따라야 한다"와 같이 여성을 낮추는 규범들이 생겨났어. 이런 상황이 계속되면서 남아선호사상이 굳어져버린 거야.

민수 아~ 이래서 유교가 문제라니까요! 동양권에서는 이런 문제를 절대 해결할 수가 없어요. 뿌리 깊은 남아선호사상과 가부장적 문화가 일상 곳곳에 배어 있잖아요.

철학쌤 정말로 그럴까? 사람들은 대개 동양보다 서양에서 여성의 권리 신장이 훨씬 빨리 이루어졌다고 생각하지. 남녀평등 문제도 일찌감치 해결되었다고 생각하고. 실은 그게 아닌데 말이야. 19세기 후반까지만 해도 서양의 많은 나라들이 남성에게만 선거권을 주었단다. 1893년 뉴질랜드에서 최초로 여성이 선거권을 얻게 되기[26]까지 여성에게는 선거권이 없었어. 봐라, 별로 오래전 일도 아니지? 이후 1920년 미국에서, 1928년 영국에서 여성이 선거권을 얻게 돼.

민수   으악! 정말 늦네요. 자유와 평등을 강조하는 미국이 그렇게 늦게 선거권을 주었다니, 놀라운걸요. 그런데 만일 선거권을 주지 않은 게 여성을 억압하기 위한 거였다면 남성들이 우월함을 계속 유지하기 위해서 그냥 선거권을 주지 않는 편이 좋지 않았을까요?

철학쌤   확실하지는 않지만 그 이유는 아마 자본주의의 발달에 있지 않을까 해. 여성도 노동에 참여하게 되면서 교육을 받기 시작했고, 사회에서 중요한 역할을 담당하기 시작했어. 그 과정에서 차별이 부당하다고 느꼈던 거지. 참정권의 획득도 남녀가 같은 인간이라는 것을 느끼게 된 계기였어. 그러면서 차츰 남녀평등사상이 퍼지게 된 거야.

민수   우리나라는 언제 선거권이 생겼어요?

철학쌤   우리나라는 식민지 지배로부터 독립하고 대한민국이 수립된 1948년에야 비로소 여성이 선거권을 얻게 되었어.

---

26 당시 뉴질랜드는 영국의 자치령이었다. 제한 없는 선거권이 여성에게 주어졌으나 처음에는 피선거권이 주어지지 않았다. 영국의 보호령이던 쿡 제도도 1893년 뉴질랜드를 따라 여성에게 참정권이 주어졌다.

1912년 5월 6일, 미국 뉴욕에서 열린 여성 참정권 대회(상)
1948년 부에노스 아이레스 국회의사당 앞. 여성참정권 법제정을 위해 데모를 하고 있다.(하)

남자와 여자에게 같은 기회가 주어진다면 평등한 걸까?

민수   어쨌든 같은 기회가 주어졌으니 이제 남녀가 평등하게 살 수 있게 되었겠네요.

철학쌤   정말 그럴까? 예전보다는 직업을 가진 여성이 많아졌지만 여전히 보이지 않는 유리벽이 있어. 너도 아까 얘기했잖아? 여성들이 높은 자리에 오르기 쉽지 않은 거 말이야. 출산이나 양육, 가사노동이 여성에게 치우쳐 있기도 하고. 기회가 곧 평등함을 의미하지 않는다는 걸 반드시 기억해야 해.

민수   그런데요. 모든 경우에 여성이 약자이고 보호받아야 할까요? 제가 남자라서 그런지는 모르겠지만 남자들도 남자라는 이유만으로 차별당하는 경우가 있다고요.

철학쌤   아! 내가 놓치는 부분이 있었구나. 선생님의 오류를 짚어주어서 고마워. 선생님도 예전에 뉴스에서 신체 접촉을 피하려는 목적이라던 여성전용 버스좌석, 세계최초라는 여성전용 도서관 이야기를 듣고 놀란 적이 있어. 남성 모두를 범죄자로 취급하는 것 같아서 불쾌했더랬지. 남성과 여성을 떠나 약자를 보호한다는 측면을 유지해야지 남성이거나 여성을 중시하는 쪽으로 나가서는 안 되겠지. 그러려면 의식적인 차원과 제도적인 차원에서 교육하고 변화를 도모해야겠지?

남녀가 함께 잘살 수 있는 길은?

민수 아! 여자와 남자는 너무 다르고 인정할 부분이 많아서 같이 살기엔 너무 어려워요! 차라리 따로 사는 것이 낫겠어요!

철학쌤 여자와 남자가 이렇게 다르니까 『화성에서 온 남자 금성에서 온 여자』라는 책이 그렇게 오랫동안 베스트셀러가 되었던 게 아닐까? 그런데 말이야. 남자와 여자가 잘살 수 있는 아주 손쉬운 방법이 있어.

민수 그게 뭐예요?

철학쌤 사랑이지.

민수 엑! 우리 부모님만 봐도 사랑은 그닥 중요하지 않은 것 같던데요!

철학쌤 그렇지 않아. 우리는 서로를 아주 갈망할 수밖에 없어. 플라톤도 『향연』이라는 책을 통해 이렇게 말했거든.

처음 인간의 성에는 세 가지가 있었지요. 지금은 남성과 여성의 두 가지 성만 있지만, 이 둘을 다 가지고 있는 제3의 성이 있었던 것입니다. ……(중략)…… 저들은 무서운 힘과 기운을 가지고 있었고, 또 그들의 야심은 대단했습니다. 저들은 신들을 공격했던 것입니다. 제우스는 다른 신들과 어떻게 하면 좋을까 하고 회의를 열어 이렇게 말했습니다. "내게 좋은 계교가 하나 생각났소. 우리는 인간을 그대로 생존하게 하면서도 그들을 지금보다 약하게 하여 난폭한 짓을 그만두게 할 수 있소. 나는 모든 인간을 두 동강이로 쪼개려 하오. 그렇게 하면 그들은 지금보다 약하게 될 것이고, 또 그 수가 늘

어나 우리에게 더 유익하게 될 것이오." ……(중략)…… 그래서 인간
은 본래의 몸이 둘로 갈라져버렸으므로, 모든 반쪽들은 각기 자기
의 다른 반쪽을 그리워하고 다시 한 몸이 되려고 하였습니다.[27]

물론 플라톤이 살았던 당시에 고귀한 사랑이란 남-남 간의 사
랑이었지만 말이야.

민수　아오, 선생님!!

27　향연, 플라톤 저, 박병덕 역, 육문사, 2007, 152~154쪽.

플라톤의 '향연'을 묘사한 그림(by Anselm Feuerbach)

남녀가 평등한 사회는 가능할까?

선생님과 대화를 이어가는 내내 '남녀가 평등한 사회가 과연 가능할까?'라는 물음이 머릿속을 떠나지 않았다. 이갈리아의 사회는 가부장제가 가지고 있는 한계를 벗어나기 위해 엄청난 희생을 이룬 끝에 만들어졌다고 서술되어 있다. 남자, 즉 맨움들이 지배하는 세상은 엄청나게 혼란스러울 것이기 때문에 여성들이 지배하는 세상이 필요하다는 것이다. 생각해보면 아이를 낳는 것은 여성이기 때문에 여성을 중심으로 한 가모장제가 이어지는 것이 맞지 않을까? 아빠는 누구인지 알 수 없어도 엄마는 아이를 낳는 과정을 통해 누가 엄마인지 명확하게 알 수 있으니까.

동물의 세계를 보면 대개 수컷보다 암컷이 더 존중받는다. 수컷은 자신의 유전자를 널리 퍼뜨리기 위해 암컷에게 적극적으로 구애한다. 어떻게든 다른 수컷을 제치고 암컷의 눈에 띄어야 하기 때문에 동물 수컷은 암컷보다 크고 화려하다. 여기서는 힘의 논리로 억압받는다는 느낌을 받을 수 없다. 그런데 왜 인간 사회에서는 전혀 다른 양상으로 나타나는 걸까?

남성이 남성 자체로 인정받을 수 있고, 여성이 여성 자체로 인정받을 수 있는 방법은 과연 무엇일까?

사회적 기준 자체가 차별적이다!

머릿속으로 남자와 여자를 그려보면 그 둘의 모습은 꽤나 다르다. 남성은 키가 크고 근육질이고, 여성은 키가 작고 날씬하다. 그러나 실제로 만나는 여자와 남자는 내가 상상한 모습과 다른 경우가 많다. 키 작고 날씬한 남자, 키가 크고 근육질 몸매를 가진 여자 등, 그 모습은 다양하다. 그렇다면 내가 상상한 모습은 무엇일까?

그것은 우리가 상상하는 남녀의 이상적인 '기준'이다. 이상적인 남녀의 모습이라고 규정된 것이다. 그런데 나는 분명 실생활에서 그런 모습을 자주 만나지도 못하면서 왜 그렇게 '기준'을 잡은 것일까? 생각하면 할수록, 그 기준은 내가 정한 것이 아니라 사회적으로 정해진 것을 나도 모르게 학습한 것 같다.

나의 경우만으로도 사회는 남녀를 보편적으로 정의하고 있다는 것을 알 수 있다. 신체적 모습뿐만 아니라 정신적 특징, 성 역할, 능력의 기준을 잡아놓은 것이다.

나는 이 기준들이 내가 정한 것이 아니기에 그 이유가 궁금해졌다. 태어날 때의 선천적 신체구조가 다르다 해도 꼭 남자는 키 크고 여자는 키가 작아야 하는 이유는 설명되지 않으며, 여성이 아이를 키우고 남성이 돈을 벌어야 한다는 역할 고정관념에도 특별한 이유가 없다.

그런데도 우리는 그것을 지키기 위해 스트레스를 받고 지키지 못하면 비난을 받는다. 설득력 있는 특별한 동기가 아니라 단순한 사회적 기준 때문에! 그렇다면 이것은 기준에서 소외되는 뭇 사람들에게는 차별적이지 않은가?

게다가 우리 사회엔 유독 여성에게 더 많은 차별이 존재한다. 남녀평등이란 결국 이 기준에 절대적이지 않고, 모두가 그 나름대로 살아가는 존재임을 사회적으로 인정 받을 때 가능하지 않을까?

- 황민용 학생의 글

행복하게
살고 싶은데
왜 자꾸만
불행한 일이
생길까?

행복과 불행

왜 하필 '나'에게 '불행'이 찾아온 걸까?

주중에는 엄마와 지내고, 주말이 되면 아빠를 만나러 가는 아이는 영화 속에나 등장하는 줄 알았다. 그런데 최근 아빠와 엄마의 관계가 갈수록 심상치 않아 보인다. 어젯밤, 엄마가 기어이 내게 물으셨다. "만약 네 아빠와 헤어진다면 넌 누구와 살고 싶니?" 너무나도 가혹한 질문이다. 어쩌다 이 지경에 이르렀는지…….

이젠 내가 어찌해볼 방법이 없는 것 같다. 부모님께서 잘 지내시길 바라는 편지도 한두 번 써본 게 아니다. 이제 동생과 나는 어떻게 되는 걸까? 혹시라도 따로 살게 되는 건 아닐까? 왜 이런 불행한 일이 내게 생기는 걸까? 아직은 부모님 사이에 무엇 하나 확실하게 결정된 건 없다. 하지만 난 몹시 불안하다. 중학교 시절, 이혼 후 엄마와 살게 된 친구와 대화를 나눈 적이 있다. 나는 그때 "힘들겠지만 어쩌겠니? 그래도 힘내야지" 하고 말했던 것 같다. 누군가 지금 내게 "힘내서 열심히 학교생활을 하라"고 해도 아무런 도움이 안 될 것 같다. 왜 하필이면 우리 가정일까? 나 때문에 부모님의 갈등이 깊어진 건 아닐까? 어떻게 친척들을 만나고, 친구들에겐 어떻게 이야기하지? 온통 이런 물음뿐이다.

작문 시간에 슬픔과 상처에 관한 이야기를 서로 나눴다. 다른 친구들의 솔직한 이야기를 듣다 보니 저마다 아픔과 고통을 안고 사는 것 같다. 아버지가 실직했다는 소식, 동생이 난치병으로 고생한다는 이야기 등등. 게다가 최근에는 미래를 어둡게 전망하는 뉴스가 유난히 많이 나온다. 우리나라는 유래가 없을 정도로 고령화가 빨리 진행되는데 비해 대비책이 없다는 소식, 아프리카에선 여전히 질병과 기아로 연간 수십만 명이 죽는다는 소식, 지구 온난화에 따른 기상이변들…….

어디 그 뿐인가? 2014년 4월에 발생한 세월호 참사도 그렇다. 아무리 어쩔 수 없었다고 하더라도 사랑하는 자식들이 왜, 어떻게 죽어가게 되었는지 충분히 밝혀주어야 하지 않을까? 나와 같은 또래 학생들이 어른들 도움을 받지 못해 숨졌고, 그 부모님들은 지금도 분노와 고통 속에 살고 있다. 얼마 전 성당 신부님이 선물해주신 세월호 유가족들의 이야기가 담긴 책을 읽고 나니, 마음이 더욱 괴로웠다. 나는 나의 일이 아니라 어느덧 잊어가고 있었는데, 아이들의 부모님은 도저히 그럴 수 없었을 거다. 특히 "지금 시간이 가면 갈수록 애가 빈 자리가 더 커져서 갈수록 아프거든. 점점 더 아픔이 느껴져. 아이의 빈 자리가 정말 말도 안 되게 큰 거야"라는 어느 부모님의 울부짖음이 머릿속을 맴돈다.

일요일이 되어 성당 신부님을 찾아갔다. 난 신부님께 내게 왜 이리도 불행한 일이 생기느냐고 한탄했고, 왜 세상에는 이해할 수 없는 일이 생기는 거냐고 물었다. 이런 게 하느님이 하시는 일이냐고 물었다. 과연 나는 행복하게 잘살 수 있겠냐고도 물었다.

신부님은 잠시 내 눈을 그윽하게 쳐다보더니 영화 「인생은 아름다워」를 본 적 있냐고 물으셨다. 그러고 나서 그 영화를 처음부터 제대로 보고 다시 만나 이야기를 나눠보자고 하셨다. '인생은 아름다워'라니. 제목 한 번 참 근사하다. 그런데 내 인생은 아직까지 별로 아름다워 보이지 않는다. 내가 세상을 너무 부정적이고 어둡게만 바라보는 걸까? 아무튼 신부님과 이야기를 나누어본다면 내 궁금증에 대한 답을 얻을 수 있을지도 모르겠다.

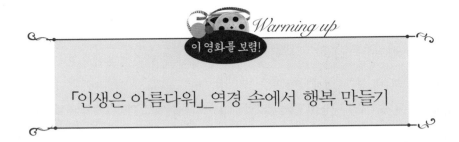

「인생은 아름다워」_역경 속에서 행복 만들기

영화 「인생은 아름다워(La Vita E Bella, Life Is Beautiful)」의 주인공 귀도는 젊은 유대계 이탈리아인이다. 아레초에 도착한 그는 서점을 열겠다는 꿈을 품은 채 잠시 웨이터 일을 하게 된다. 귀도는 자신의 삼촌이자 웨이터인 엘리쎄와 같이 지내던 중 초등학교 교사인 도라[28]와 사랑에 빠지게 된다(도라는 유태인이 아니다). 귀도와 도라는 마침내 결혼하고, 몇 년 뒤 아들 조슈아를 낳는다.

영화의 중간 부분에서 귀도와 그의 삼촌, 그리고 조슈아는 유대인 수용소로 끌려가게 된다. 하필이면 조슈아의 생일에 말이다. 도라는 독일군 장교에게 가족과 같이 가게 해달라고 요청하고 독일군은 이를 받아들인다. 기차에 올라탈 때 모습을 유심히 보면 도라만 붉은 옷이고, 나머지는 검은 빛깔의 옷을 입었음을 알 수 있다. 수용소에서 귀도는 조슈아를 나치의 눈에 띄지 않게 숨기고 몰래 음식을 가져다준다. 그러는 사이 엘리쎄 삼촌은 가스실에서 죽게 되는데, 아무도 그 사실을 모른다. 조슈아의 천진난만한 영혼을 지켜주기 위해 귀도는 조슈아에게

---

28 이 영화의 감독이자 주인공인 로베르토 베니니의 실제 아내인 니콜레타 브라시가 아내 도라 역을 맡아 열연했다.

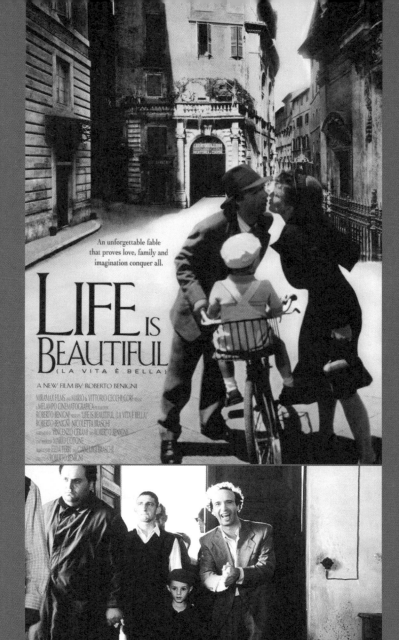

이탈리아의 명배우이자 영화감독인 로베르토 베니니는 「인생은 아름다워」로 1999년도
아카데미상 시상식에서 남우주연상과 최우수 외국어영화상을 받았다.(상)
어린 조슈아는 수용소의 현실을 게임으로 알고 있다.(하)

거짓말을 한다. "이 캠프는 단지 게임일 뿐이야. 최초로 1,000점을 따는 사람에게 탱크를 준대" 하고 말이다. 그러면서 귀도는 조슈아가 울거나, 엄마가 보고 싶다고 칭얼대거나, 배가 고프다고 하는 등 떼를 쓰거나 말을 듣지 않을 때, 혹은 소리라도 지를 것 같으면 "조용히 지내지 않으면 나치에게 잡힐 거야. 나치에게 안 잡혀서 1,000점을 얻어야만 우리가 탱크를 받을 수 있다"고 말한다. 많은 이들이 수용소에서 죽어 나갔지만, 천진난만한 조슈아는 아버지의 이야기를 그대로 믿는다. 아무런 의문도 품지 않는다.

귀도는 아들과 함께 전쟁이 거의 끝날 무렵까지 살아남는다. 그러나 미군이 진격해온다는 소식에 수용소는 일대 혼란에 빠지고, 귀도는 조슈아에게 "조금만 더 기다리면 1,000점을 얻을 수 있으니까 잘 숨어 있어" 하면서 다독인다. 하지만 귀도는 아내 도라를 찾아 나섰다가 나치에게 발각되어 총살을 당한다. 숨겨둔 아들 조슈아는 다행스럽게도 나치에게 발각 당하지 않고, 난리 통에서 살아남은 조슈아는 미군 탱크가 수용소를 해방하자 자신이 게임의 승리자가 되었다고 믿는다. 그 후 조슈아는 엄마 도라와 만나지만 도라는 귀도가 죽은 줄 모르고 있다. 세월이 흘러 조슈아는 아버지의 희생으로 자신이 살아남았다는 사실을 깨닫는다.

부조리한 세상에서 행복 찾기

귀도는 불행한가, 행복한가?

신부님　영화 본 소감이 어때?

영민　정말 감동적이었어요. 특히 마지막에 귀도가 죽으러 가면서도 현실을 전쟁놀이라 믿고 있는 아들을 위해 우스꽝스럽게 걸었던 모습이 너무나 슬펐어요. 부모가 자식을 사랑하는 마음이 저런 게 아닐까 싶었어요.

신부님　주인공이 죽는 비극적인 이야기인데 마냥 슬퍼만 하지 않으면서 아들 조슈아를 바라보게 되는 게 이 영화의 매력인 것 같더라. 등장인물에 대해 이야기해보겠니?

영민　예……. 우선 주인공 귀도는 재치 있고 즐겁게 세상을 살아가는 사람 같아요. 어떨 때 보면 조금 오버하기도 하는데, 그게 이상하거나 밉게 보이지 않아요.

신부님　그렇지? 귀도란 인물에게 과연 슬픔이나 괴로움이 있을까 싶을 정도로 그는 밝고 유쾌하고 긍정적이야. 그리고 무엇보다도 예상치 못한 일이나 어려운 일을 만났을 때 대처하는 임기응변이 매우 뛰어나. 좌절하거나 포기하는 경우가 없어 보여. 그렇지?

영민   특히 수용소에서요……. 주위 사람들이 죽어나가는 최악의 상황 속에서도 귀도는 자신을 지키고 아들을 지켜내요. 아무리 영화라지만 정말 놀라웠어요. 그런데 저는 귀도의 아내도 남편 못지않다고 생각해요. 어떤 면에서는 귀도보다 더 대단한 것 같아요. 유태인도 아닌데 굳이 남편과 아이를 만나겠다면서 자진해서 수용소에 들어가잖아요. 귀도와 결혼할 당시만 봐도 그래요. 원래 약혼남이 훨씬 부자고 직장도 든든했는데 도라는 귀도를 선택해요. 도라를 사랑하고 즐겁게 해주려는 마음이 전부였던 귀도를요. 그래서 결혼식장에서 뛰쳐나와 백마를 타고 나타난 귀도와 결혼하잖아요.

귀도는 도라에게 단 하나뿐인 백마 탄 왕자였다.

신부님   그래. 네 말이 맞아. 아내 도라는 원한다면 수용소에 가지 않을 수 있었지. 직장이 든든한 남자와 결혼할 수도 있었고. 스스로 수용소에 들어간 건 그만큼 가족을 사랑하고 용기가 있었다는 건데……. 너 같으면 어떤 선택을 할 것 같니?

영민 글쎄요. 갑자기 물어보시니 답하기가……. 암튼 제가 지금까지 살아온 방식에 따르면 내가 죽게 될지 모르는 위험한 상황에 스스로 빠져들려고 하지 않을 것 같고요. 결혼도 저를 사랑해 주는 사람도 좋지만, 경제적 안정을 줄 수 있는 사람도 좋을 것 같아요. 아무튼 귀도와 도라, 모두 대단해요.

신부님 너는 귀도의 삶이 행복했다고 생각하니?

영민 저는 귀도의 삶이 그다지 행복하단 생각이 안 들어요. 물론 재미있고 낙천적으로 살려 했지만 결국 일찍 죽잖아요. 물론 아내와 결혼에 성공하기까지, 그리고 아들 조슈아를 낳고 키우기까지 행복했을 거예요. 하지만 수용소에 들어가면서부터는 도저히 이해될 수 없는 고통 속에서 살잖아요. 게다가 마지막 날 밤, 그냥 잠자코 있으면 살아남을 수도 있었을 텐데, 결국 죽게 되고요. 자신이 죽었는데 다른 게 무슨 의미가 있을까요? 내가 사라지고 없다면 그 밖의 것들은 무슨 의미가 있는 걸까요? 내가 살아 있어야 행복이든 불행이든 느끼고, 이야기할 수 있는 거 아닐까요?

신부님 그래. 이야기를 잘해줬어. 결국 귀도는 어린 아이를 남겨두고 죽었다는 면에서만 봐도 결코 행복한 인생은 아니란 거지? 오히려 불행하다는 뜻이지?

영민 제 생각엔 그래요. 그냥 보통 사람들이 행복에 대해 이야기하는 것에 빗대어보면요.

사랑하는 사람들을 위해 사는 것, 귀도에겐 그것이 바로 행복이었다.

신부님   그렇다면 귀도는 스스로를 행복하다 여겼을까, 불행하다 여겼을까?

영민   글쎄요……. 아마도 행복하다 여기지 않았을까요? 귀도는 '행복하다'는 표현을 쓰지 않을 것 같아요. 그냥 사랑하는 사람들과 함께 인생을 포기하지 않고 살아가야 하는 거 아니냐고, 그게 당연한 거 아니냐고 반문할 것 같아요. 아무튼 귀도는 자신이 비록 일찍 죽게 되었긴 해도 스스로를 불행하다고 느끼지는 않았을 거예요.

신부님   그러면 네가 조금 전에 귀도의 삶이 불행하다고 한 이야기와 반대되는 거 아니니?

영민   아…… 그러고 보니. 제 관점에서는 귀도가 불행해 보였는데, 귀도의 입장에서 생각해보면 그렇지 않은 것 같고. 왜 이런 모순된 결론에 도달했을까요? 아마도 사람마다 행복에 대해 생각하는 기준이 다르기 때문 아닐까요? 그렇다면 행복이란 뭘까요?

행복이란

신부님   행복이 무엇이냐에 대해 답하기 전에 우리가 왜 행복에 대해 궁금해하는지 생각해보자.

영민   많은 사람들이 행복하게 살고 싶다고 하고, 또…… 사실, 행복하게 살고 싶지 불행해지고 싶은 사람은 없잖아요.

신부님   영민아, 누군가 "넌 무엇 때문에 사니?"라고 묻는다면 뭐라 답하겠니?

영민   글쎄요. 잘 먹고 잘살기 위해서? 어떤 친구는 먹기 위해 산다고도 하더라고요. 물론 장난이지만.

신부님   철학에서는 이 질문에 대해 '행복하기 위해'라고 답한단다. 인간 삶의 궁극적 목표가 바로 '행복'이라는 거지. 이는 고대 철학자 **아리스토텔레스**까지 거슬러 올라가는데 말이야. 아리스토텔레스는 모든 존재물에겐 저마다 존재 목적이 있다고 했어. 안경은 잘 보게 하기 위해 존재하고, 버스는 많은 사람을 한꺼번에 이동시키기 위해 존재하고. 그런데 이성적으로 생각하며 사회를 이루며 살아가는 동물인 인간은 '행복'을 위해서 존재한다는 거야. 즉, 인간은 행복을 이루거나 행복하기 위해 산다는 거지.

라파엘로가 그린 아테네 학당의 플라톤과 아리스토텔레스

영민 그렇군요. 그런데 인간은 행복하기 위해 산다고 하면서도 정작 행복에 대해서 잘 모르지 않나요? 별로 궁금해하지도 않고, 알려고 하지도 않는 것 같아요.

신부님 그렇지? 그래도 우리는 행복에 대해 이야기를 나누고 있으니 그나마 다행인 셈이구나. 흔히 행복은 인생의 궁극적 목표라고 하는데……. 이건 또 무슨 뜻일까?

영민 혹시 이런 게 아닐까요? 사람들은 대개 공부해서 성공하고, 성공해서 돈 벌고, 돈 벌어서 비싼 아파트 사고……. 이런 식으로 인생을 이어가요. 뭔가 좀 더 나은 상태로 가는 걸 행복이라고 여기니까요. 하지만 정작 자신이 그리던 '행복'에 도달한 다음의 질문, 그러니까 "행복해져서 뭐 할 것인가?"라고는 더 이상 묻지 않죠. 물어봐야 답을 알 수 없으니까요. 이런 걸 두고 궁극적 목표라 하는 게 아닐까요?

신부님 그래, 맞다. 그런데 아리스토텔레스는 행복한 삶이란 즐거움을 추구한다거나 자기 기분대로 행동하는 무절제한 삶이 아니라고 했어. 행복한 삶은 쾌락과 도덕 사이에서 균형을 잃지 않아야 하는데 이런 태도를 일컬어 그는 '중용'이라고 했어.

영민 중용이요? 그게 뭐죠? 저는 처음 들어보는데요.

신부님 음, 조금 어려울 수도 있겠다. 잘 들어봐. 아리스토텔레스는 중용을 '극단을 피하는 것'이라 설명해. 예를 들어, 용기는 무모함과 비겁, 기분 좋은 유머는 지나친 엄숙과 저속한 익살, 절제는 낭비와 인색 사이의 중용이라는 거지. 아리스토텔레스는 꾸준한 노력과 의지로 이런 중용을 습관화할 때만 인간이 행복의 경지에 이를 수 있다고 해. 단순히 추상적으로 행복이 뭔지 아는 데 그치지 않고 구체적인 삶 속에서 실천을 통해야만 행복을 이룰 수 있다는 뜻이야.

영민 행복과 중용이라……. 신부님 말씀을 들으니 무엇인지 조금은 알 것 같아요. 하지만 제겐 여전히 '중용'이 행복을 설명하는 데 충분하지 않아요. 혹시 행복에 대해 다르게 이야기한 철학자가 또 있을까요?

신부님 물론 있지. 직접적으로 행복에 대해서는 아니지만 '인간은 어떻게 살아야 하는가'라는 윤리적 질문에 적극적으로 답했던 **쾌락주의**와 **금욕주의**를 들 수 있겠구나.

영민 쾌락주의와 금욕주의라. 이름만 들어도 느낌이 확 오는데요. 한쪽은 "인생을 맘껏 즐겨라" 하고 말하는 것 같고, 다른 한쪽은 "뭔가를 위해서 참고 견뎌라"고 하는 것 같아요.

신부님 쾌락주의의 대표적 철학자는 에피쿠로스란다. 그런데 쾌락주의는 네 기대와는 달리 "세상을 맘껏 즐겨라"고 하지 않았어. 쾌락주의에선 인간 삶의 목적을 '고통은 피하고 즐거움 즉, 쾌락을 얻으며 사는 것'으로 봐. 흔히들 '쾌락' 하면 성적 욕망을 충족시킨다거나 맛있는 음식을 마음껏 먹는 것 등을 떠올리게 마련인데, 그런 쾌락은 잠시 잠깐 즐거움을 줄 뿐이야. 그것들이 충족된 뒤에 더 강한 욕망을 불러일으키지. 그래서 인간이 궁극적으로 추구할 쾌락은 아니라고 해.

영민 즐거움이 쾌락이라는 데엔 찬성하겠는데 '궁극적 쾌락'이라니, 조금 어려운데요.

신부님　그래서 에피쿠로스는 쾌락주의에 대해 이런 글을 남겼어.

뉘른베르크 연대기에 묘사된 에피쿠로스의 모습. 1493년 안톤 쾨베거에 의해 출간된 독일어판 뉘른베르크 연대기는 세계 역사를 성서 시대에서부터 다루고 있는 책이다.

"우리가 말하는 쾌락이란 신체에 고통이 없고 영혼에 문제가 없는 상태다. 즐거운 삶이란 끝없이 술 마시고 떠들며 노는 것도, 성을 탐닉하는 것도 아니고, 화려한 식탁에 온갖 산해진미를 차려놓고 먹는 것도 아니다. 즐거운 삶이란 냉철하게 이성적으로 생각하고, 무엇을 선택하든 회피하든 그 근거를 찾고, 영혼을 잠식하는 잘못된 믿음을 없애는 데서 얻을 수 있다."[29]

정리해보자면 쾌락주의의 기본 입장은 "인간은 고통을 싫어하기에 가능하면 피해야 하고, 즐거움은 좋아하기에 열심히 추구해야 한다. 그리고 그 즐거움도 냉철하게 이성적으로 판단해서 추구해야 한다"는 거야. 만약 네가 너무 싫어하는 공부를 해야 한다고 가정해보자. 그러면 쾌락주의자는 뭐라고 조언할까?

영민　공부가 그렇게 싫어? 공부하는 게 고통이라면 피해야지. 억지로

29　철학을 권하다, 줄스 에반스 저, 서영조 역, 더 퀘스트, 2012, 131쪽.

해봐야 능률이 오르겠니? 무슨 소용이 있겠어? 뭐 이렇게 대답하지 않을까요?

신부님 기본적으로 그렇겠지. 하지만 에피쿠로스라면 아마도 공부하는 게 무엇 때문에 그토록 고통스러운지 먼저 냉철하게 생각해보라고 권했을 거야. 그렇다면 금욕주의는? 금욕주의에서는 당연히 참고 견디라고 할까?

영민 그렇게 하지 않을까요? 그런데 금욕주의가 단순히 "네 욕망을 참아라"고 말할 것 같지는 않은데요.

신부님 맞아! 금욕주의를 대표하는 사람들을 **스토아학파**라 부르는데, 여기서는 질병이나 죽음과 같은 모든 일에 대해 인간이 어찌할 수 없고 변하지 않는 자연법칙을 따른다고 말해. 그래서 우리는 사랑하는 사람이 죽었다고 해도 크게 슬퍼할 필요가 없다는 거야. 왜냐하면 이미 그렇게 되도록 결정되어 있으니까. 우리가 눈앞에 벌어진 어떤 일 때문에 지나치게 기뻐하거나 슬퍼하는 것은 마음의 평온을 깨뜨리는 어리석은 일일 뿐이라는 거야. 그들은 우리 인간이 이성을 발휘하여 우주적 이성의 깊은 뜻을 깨달아 기쁨도 슬픔도 없는 마음의 평화, 즉 부동심을 찾는 게 최고의 행복에 이르는 길이라고 말하지.

영민 저는 스토아학파의 생각이 이해도 안 되고 받아들여지지도 않아요. 그들은 왠지 불행한 일이 생기더라도 "운명이니 어쩌겠냐? 빨리 네 마음을 다잡고 일상생활을 하거라"고 말해줄 것 같거든요.

신부님 언뜻 결론만 따져보면 그렇게 생각할 수도 있지만 사실 스토아학파는 네가 생각하는 것보다 심오한 면을 가지고 있어. 예를 들어 스토아 철학자이자 로마 황제였던 **마르쿠스 아우렐리우스**는 "인간이 운명과 죽음, 그리고 신을 바꿀 수는 없지만, 이에 대한 인간 스스로의 관점과 태도는 충분히 조절할 수 있으며 그것을 통해 운명과 죽음과 신에 승리할 수 있다"고 이야기했지. 세상에서 벌어지는 일 가운데 인간이 할 수 있는 부분과 그렇지 않은 부분을 구분하고, 인간이 할 수 있는 영역에서만 큼은 최선을 다하라는 말이 아닐까? 물론 스토아학파의 궁극은 아파테이아(apatheia)[30]에 있지만, 결코 운명이나 죽음에 굴복하게 놔두지는 않는 것 같아.

캄피돌리오의 원로원 건물 앞에 있는
마르쿠스 아우렐리우스의 동상

---

30 흔히 '마음의 평화'로 이해된다. 정념(情念)이나 외계의 자극에 흔들리지 않는 초연한 마음의 경지로 스토아학파는 이것을 인간 생활의 이상으로 삼았다.

영민 아무튼 쾌락주의와 금욕주의는 행복을 대하는 입장이 매우 다르네요. 이 생각들을 「인생은 아름다워」에 단순하게 적용시키자면 귀도는 쾌락주의자에 더 가깝겠네요? 항상 즐겁게 생활하려 노력하고, 고통은 가까이 두지 않았으니까요.

신부님 물론 영화 전반부에서는 그렇게 볼 수도 있겠다. 그런데 수용소에 끌려가 강제 노동에 시달리고 굶주림에 고통스러워하는 귀도의 모습을 쾌락주의로 설명하기엔 뭔가 부족하지 않니? 그렇다고 금욕주의자라고 할 수도 없고. 왜냐하면 수용소 생활은 스스로 선택한 게 아니라 강제로, 그리고 이해되지 않는 고통 속에 빠져들게 된 거잖아. 스스로 욕망이나 감정을 조절하는 것을 중요하게 여긴 스토아학파의 이론으로 이를 설명하기엔 역부족이야.

행복하기 힘든 조건에서 행복해지려면?

영민 그러면 수용소에 끌려간 귀도의 삶을 행복과 관련해 어떻게 볼 수 있을까요?

신부님 20세기 후반에 활동한 칠레 출신의 **움베르토 마투라나**라는 인지생물학자가 있단다. 그는 인간이 세계를 알게 되는 방식에 대해 '급진적 구성주의'란 이론을 제시했어. 조금 어렵긴 한데 잘 들어봐라. 마투라나는 모든 생물체는 대상을 대상 그대로 아는 것이 아니라 자신에게 유리한 방향으로 임의로 구성하여 알게 되는 거라고 해. 이게 무슨 뜻이냐면……, 인간을 포함한 모든 생물체들이 자신에게 맞도록 혹은 유리하도록 세상을 인식한다는 거야. 예를 들어 여기 이 방에 우리 두 사람과 개미가 있다고 치자. 이 방 안에 있는 물건이나 색깔, 밝기 등 모든 것을 개미나 인간이 똑같이 인식할까?

영민 그야 당연히 다르지요. 인간은 색을 구별하지만 제가 알기론 개미는 색을 구별하지 못하거든요. 사람에게 노란색 창틀로 보이는 게 개미에겐 그냥 벽으로 여겨지겠죠.

신부님 맞아. 여기서 좀 더 나가보자. 우리 인간이 무언가에 대해 안다는 것이 과연 그 대상을 '정확히' 아는 게 맞을까? 예를 들어, 만약 인간보다 훨씬 더 다양한 색을 구별할 수 있는 생명체가 있다면 그들이 인지하는 색은 무엇이겠니? 인간이 모르는 색이니 없다고 해야 할까?

영민 아하, 우리가 알고 있다고 생각하는 게 전부가 아닐 수 있다는 뜻인가요?

신부님 그렇지. 우리가 거짓을 받아들이는 건 아니지만 완벽하다고도 할 수 없지. 그래서 급진적 구성주의에서는 이렇게 주장해. "생물체의 인지 작용은 '무엇을 인식하는 것'이 아니라 '무엇으로 인식하는 것'이다"고 말이야.

영민 아이고……. 무슨 이야기인지 정신이 몽롱해지네요.

신부님 하하, 어쩌니? 즐거운 이야기를 나눠야 하는데 머리 아프게 해서 미안한걸. 그대로 조금만 더 집중해서 들어보고 생각해보자. '무엇으로 인식하는 것'이란 무엇에 대해 알려고 하는 주인이 이미 어떤 틀이나 도구 같은 것을 갖고 있다는 거야. 삶의 태도와 관련해 조금 쉽게 설명해볼까? A라는 사람이 있어. 그는 삶을 매우 긍정적으로 받아들이는 사람이야. 그러면 A에게는 삶 또는 세계가 긍정적인 것으로 인식된다는 뜻이지. 역으로 생각해봐도 마찬가지야. 그의 삶 또는 세계가 그토록 긍정적이기 때문에 그가 알게 되는 세계 역시 긍정적이 된다는 거지. 부정적 세계와 세계에 대한 인식도 마찬가지고.

영민　알 듯 말 듯하네요. 행복한 세상이 별도로 있는 게 아니라 행복하게 세상을 살아가면 행복한 세상이 펼쳐진다는 뜻 같기도 하고……. 그런데 이런 급진적 구성주의가 영화 이야기와 어떻게 이어지는 거죠?

신부님　영화에서 수용소로 가기 전의 귀도를 떠올려봐. 누구라도 그렇게 살 수 있을 것 같은 마음이 들 거야. 즐겁게 지낼 만하니 그렇게 지내는 거라고 생각할 수 있어. 하지만 수용소로 끌려 간 다음엔 이야기가 완전히 달라져. 수용소 상황이란 건 도저히 행복할 수 없을 것 같은 조건들로 가득하잖아. 이때 나의 의지와 상관없이 펼쳐진 세상을 각자 어떻게 인지하고 받아들이느냐가 매우 중요한 거지.

영민　아하! 그러니까 일반적으로 생각하면 절망적이고 고통밖에 없는 세상인데도 귀도 자신의 삶에 대한 태도가 이를 다르게 받아들이도록 한 거군요. 그런 뜻이죠?

신부님　그래, 잘 지적했어. 참 대단하구나! 다시 말하자면 죽음과 고통이 자기 주위에 가득했는데도 귀도는 그것을 그렇게 바라보지 않았던 거지. 어떻게 보면 아내를 찾기 위해 수용소를 이탈하지만 않았어도 귀도는 죽지 않을 수 있었을 거야. 하지만 그는 이미 충분히 삶을 긍정했기 때문에 죽음조차 두려워하지 않는 용기를 낼 수 있지 않았을까? 귀도는 "모든 인간은 언젠가 한 번은 죽게 된다"는 인생살이의 덧없음 속에서도 "살 줄도 알고 죽을 줄도 아는 사람으로서 삶과 죽음에 압도당하지 않는 모습"으로 두려움과 망설임 없이 아내를 구하러 나가지 않았을까? 안타깝게도 죽게 되었지만 말이다.

영민   말씀을 들으니 그런 것 같기도 한데……. 그렇다면 아내 도라 역시 남편을 사랑하고, 또 죽음을 두려워하지 않았기에 굳이 들어가지 않아도 되는 수용소에 스스로 걸어들어간 거로군요?

신부님   빙고! 행복할 것 같은 조건에서 행복하게 지내는 것과 도저히 그럴 수 없을 것 같은 조건에서 행복하게 살아내는 데에는 엄청난 차이가 있어. 그 두 가지 조건을 잘 구별해볼 필요가 있단다.

영민   도저히 행복할 수 없을 것 같은 경우요? 음, 하지만 예를 들어, 갑자기 누군가 집에 불을 내서 갖고 있던 재산을 다 날리고 사랑하는 아내를 잃었는데도 누가 불을 냈는지 모르고 살아가야 한다면 어떻게 행복할 수 있나요?

신부님   글쎄, 그런 경우라면 정말 큰 용기가 필요할 테지. 그런 사람한테 "이전과 같게 살아가라" 한다면 도저히 그럴 수 없을 거야. 그러니까 우리 인간에겐 자신을 덮친 불행과 고통을 어떻게 해석하고 받아들이느냐가 아주 중요한 거지. 또 한편으론 말이다……, 많은 사람들이 객관적으로 볼 때 정말 불행한 일이 닥치지 않아 비교적 행복하게 살아갈 수 있는 조건 아래서도 불행하게 살고 있다는 걸 기억해야 해.

영민　듣고 보니 그렇네요. 집안도 잘살고 공부도 그런대로 잘하는 아이들 중에도 자신을 비하하고 괴로워하는 친구가 있으니까요.

신부님　이런 점도 생각해볼 수 있어. 크나큰 불행이 닥치지 않았을 때 어떻게 마음먹고 행동하느냐가 예상치 못한 큰 고통을 당했을 때에도 그대로 이어진다는 거 말이야. 그러니까 우리가 무슨 일을 당한 다음 비로소 어떻게 대처하는지를 결정하는 게 아니라, 평소 어떤 마음으로 생활하느냐가 위기나 고통의 순간이 왔을 때 삶의 모습을 결정할 수 있다는 뜻이야.

영민　예……. 그러면 평소에 '행복한 삶' 또는 '어떻게 살고 싶은가?'를 생각해보고 실제로 그렇게 살아보려 노력해야 좋은 순간이 오든 힘든 순간이 오든 흔들림 없이 살 수 있겠군요?

신부님　요즘 현대인들은 대개 행복의 필수 조건으로 돈, 건강, 가족을 꼽는단다. 2001년에 설문조사를 해보니 건강이 36%, 가족은 35%, 돈이 14%로 중요하다는 결과가 나왔대. 그런데 같은 조사를 2011년에 해보았더니 건강은 31%, 가족은 25%, 돈이 33%로 크게 늘었다는구나. 이런 뉴스를 보면 어떤 생각이 드니?

영민　행복해지려면 돈을 더 중요하게 여겨야 하는 건지, 아니면 우정이나 내 꿈을 펼치는 것 같은 다른 소중한 가치를 소중하게 간직해야 할지 헷갈리네요.

신부님　그렇지? 뉴스가 보여주는 건 우리 사회의 세태이니 참고는 해

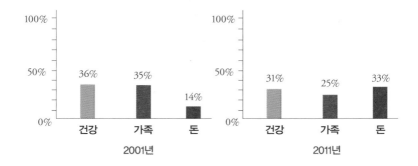

야겠지만, 나는 오히려 행복을 기본적 살림살이 보장, 자기만
족, 사회적 성공에 초점을 맞추는 세태가 조금 불편하게 다가
와. 물론 일상적으로 맛보는 소소한 행복이 중요하지. 내가 사
회적으로 성공해서 기쁘고 즐겁게 사는 것도 중요하고. 하지만
한 번쯤은 도저히 행복할 수 없을 것 같은 조건에서 '어떻게 행
복할 수 있을까'를 깊이 생각해봐야 하지 않을까?

영민 예……. 전 그저 행복이라고 하면 내가 즐거운 것, 가족이 건강
한 것, 돈을 많이 버는 것 이런 것들을 생각해왔는데 영화를
보고, 오늘 이야기를 나누다 보니 그게 전부는 아니란 생각이
자꾸 들어요.

부조리한 세상에서 행복 만들기에 도전하기

신부님 영화 속에서 귀도가 수용소에 끌려간 상황은 분명히 어떻게 할
수 없는 상황이라 볼 수 있어. 과연 우리는 살아가면서 이와 비

숫하게 도무지 어떻게 해볼 수 없는 상황에 빠지지 않을 수 있을까? 정도의 차이는 있겠지만 우리 모두에게 귀도와 같은 인생살이를 경험하게 될 가능성이 조금은 있지 않을까? 그래서 어떤 철학자는 "세상은 도무지 이해되지도, 납득되지도 않는 부조리투성이다"라고 선포하기도 했지.

영민   세상이 부조리투성이라고요? 오호, 이 주장은 매우 마음에 드는걸요? 제 주위에도 이해되지 않거나 원하지 않는 일이 너무 많이 벌어지거든요.

신부님 하하, 우리나라는 이제 사회구조적 문제가 굳어지는 경향이 있어서 점점 더 부조리한 세상이 되어간다고 한탄하는 사람도 많아. 그런 부조리들이 쉽게 해소될 것 같지도 않고. 아이고, 나도 머리가 복잡해진다. 어떻게 살아가야 할까?

영민   부조리가 나를 짓눌러버린다면 결국 부조리에 압도당하거나, 어쩌면 아예 외면할 수도 있겠지요. 아니면 극단적으로 삶을 포기하거나!

신부님 영민아, 무슨 그런 험악한 생각까지……. 잘 생각해보면 또 다른 방법이 있을 텐데?

영민   아! 부조리에 맞서는 방법도 있겠네요. 그런데 어떤 길을 선택하든 쉬운 건 하나도 없어 보여요.

신부님 영화 속 귀도의 삶이 부조리 가득한 오늘날 우리 세상에 전하는 바가 있지 않을까? 너 혹시 **빅토르 프랑클**이란 사람과 '의미치료(logo therapy)'란 말 들어본 적 있니?

영민   아니요. 처음 들어보는데요. 의미치료라니? 몸에 상처 난 사람을 낮게 하는 방법 같지는 않고……. 궁금한데요?

의미치료 요법을 창시한 빅토르 프랑클

신부님 빅토르 프랑클은 유태인 심리학자인데, 2차 세계대전 중에 그 끔찍한 수용소에서 가까스로 살아남은 사람이야. 영화 속 귀도처럼 이해되지 않는 일을 수없이 겪고, 참혹한 고통 속에서 살았던 사람이지. 그는 자신이 수용소에서 겪었던 일과 함께 지냈던 사람들의 모습을 바탕으로 의미치료라는 심리치료 분야를 개척했단다.

영민 감당할 수 없이 힘든 일을 겪고 나면 흔히 트라우마에 시달린다던데……. 프랑클의 의미치료는 어떤 건가요?

신부님 프랑클은 "사람은 어떠한 최악의 조건에서도 삶의 '의미'를 찾을 수 있다"고 썼어. 한 번은 어떤 사람이 3월 30일에 독일이 패망하는 꿈을 꾸었다는 거야. 그래서 그날이 오길 희망에 부풀어 살았지. 그런데 30일이 되어도 아무 일이 없는 거야. 그러자 그는 시름시름 앓다가 바로 다음날 죽고 말았대. 그 모습을 옆에서 지켜보던 프랑클은 이렇게 기록했어.

"나는 깊이 깨달았다. 희망의 끈을 놓아버린 사람은 자신의 목숨마저도 쉽게 포기하게 된다는 것을. 고통 속에서 죽음을 택하는 것은 가장 쉽고도 가장 나태한 방법이다."

영민　왠지 저한테도 힘이 되는 이야기네요.

신부님　프랑클은 아무리 허무와 무의미가 가득한 참혹한 현장에서도 사람은 근본적으로 강인한 생의 긍정이 있음을 발견했어. 프랑클 자신도 마찬가지였지. 반드시 가족을 다시 만나고, 자식을 키우게 되고, 자신의 경험을 바탕으로 책을 발간하고, 또 나치 세력에 끝까지 항거하여 끝내 풀려나는 희망 등이 그에게 '의미'였고, 그런 의미를 놓아버리지 않았기에 삶을 포기하지 않을 수 있었다는 거야.

영민　그렇다면 제 마음이 아무리 힘들어도 내가 무언가 해야 할 일이 있고 할 수 있다면 제 삶은 충분히 의미가 있는 거죠? 그러고 보니 귀도는 도무지 행복할 수 없는 여건 속에서 행복 만들기에 도전했던 사람이 분명해요. 어떻게 보면 처절한 싸움 같기도 하지만, 거기엔 또한 다른 사람을 기쁘고 흐뭇하게 만들어주는 뭔가 대단한 힘이 함께 있었던 것 같아요. 이기적이란 느낌도 전혀 들지 않고요. 정말 대단해요!

신부님　귀도의 모습엔 물론 과장된 표현도 있을 수 있어. 영화니까. 하지만 실제로도 행복하기 힘든 조건에서 행복하게 살아내는 건 때론 어색하거나 과격하기도 하고, 심지어는 이상해 보일 수도 있다고 생각해. 있는 힘을 다해 싸우는 의식적인 노력이 있어야만 가능한 일이기에 평온한 모습일 수 없지 않겠니? 영민아, 이런저런 이야기가 네게 도움이 좀 됐나 모르겠다. 아 참, 그리고 사람은 누구나 슬픈 때엔 울고, 화가 날 때엔 화를 낼 수 있어야 해. 무엇보다도 네 자신을 사랑하면서 말이야.

영민   조금이라니요! 신부님과 대화하면서 많은 걸 느꼈어요. 또 어떤 눈으로 세상을 바라봐야 하는지, 나는 어떤 마음으로 살아왔는지도 돌아봐야겠다고 생각했어요. 오늘 정말 감사합니다!

스스로에게 묻다

행복이란 뭘까? 좀 더 행복해지기 위해서 나는 무엇을 할 수 있을까? 우리는 충분히 행복할 만한데도 목표나 기대 수준이 지나치게 높아서, 혹은 다른 사람과 비교함으로써 스스로를 불행하게 만드는 경우가 있다. 내가 좋아하는 스파게티를 급식으로 먹는 기쁨처럼 일상에서 맛볼 수 있는 작은 기쁨들이 실은 행복을 구성하는 요소들인데도.

영화 속 귀도나 빅토르 프랑클의 이야기를 생각해보면 내게 어떤 어려움이 오더라도 좌절하지 않고, 삶을 포기하지 않아야 하는 이유 즉, 의미가 분명 있는 것 같다. 난 아직 살아온 날보다 살아야 할 날이 훨씬 많지 않은가? 그리고 해보고 싶은 일도 많지 않은가? 다른 사람을 기쁘게 하고 싶고, 결혼해서 화목한 가정을 가꾸고도 싶다.

부모님 사이는 위태로울지라도 나는 부모님을 사랑하고 있지 않은가? 부모님 또한 나를 사랑하고……. 그렇다면 아직 결정된 일은 없지 않은가? 물론 단란한 가정이었으면 좋겠다는 마음이 든다. 하지만 최악의 경우라도 떨어져 살아야 하는 것 이상은 아니지 않겠는가? 그렇다면 견디어볼 수 있지 않을까? 문득 김제동 아저씨가 생각났다. 아저씨는 사람들이 어떤 상황에 처해 있더라도 그들을 웃음 짓게 만드는 매력을 가진 사람이다. 어려움에 처한 사람 곁에서 웃겨주고 함께 울어준다. 자신이 행복하기에 그 무엇보다 행복하기를 간절히 원하는 사람 곁에 있어줄 수 있는 게 아닌가 싶다.

지금은 나에게 근본적인 질문을 던질 시간!

행복과 불행이라는 단어 자체가 뭐라고 딱 말하기 어려운 것 같다. 나도, 그리고 아마 많은 사람들 역시 행복하게 살고 싶고 불행해지고 싶어 하지 않지만, 도대체 무엇이 우리를 행복하게 만들고 무엇이 우리를 불행하게 만드는지, 그리고 왜 우리는 행복하게 살기를 원하는지에 대해서 생각해보지는 않았을 것이다. 그래서 많은 사람들이 이 글에 나오는 영민의 고민에 더 공감하는 게 아닐까? 글을 읽으면서 다양한 생각을 할 수 있는 시간도 가질 수 있을 테고.

나는 하루하루를 살아갈 때 '오늘을 행복하게 살자'라고 마음먹는다. 하지만 오늘 이 글을 읽으면서 그 마음 자체에 물음이 생겼다. '나는 왜 이런 생각을 하게 되었을까. 내가 원하는 행복은 무엇일까?'와 같은 가장 기본적인 생각들이 머릿속에 떠올랐기 때문이다. 나 같은 경우, '하루하루를 행복하게 살아가자'는 것은 즉 그날이 후회되지 않도록, 내가 살아가는 동안 오늘 이 순간은 생애 단 한 번밖에 없을 테니까 그날을 후회하지 않도록 살자는 마음이었다. 그 순간을 행복한 기억으로 간직할 수 있도록 '오늘을 행복하게 살아가자'라고 마음먹은 것 같다.

나에게 행복이란 사소한 것 하나하나가 모여 이루어지는 것이다. 배고플 때 먹는 맛있는 음식, 우울할 때 보는 웃긴 TV 프로그램…… 이런 것들이 나에게 기쁨을 주고, 이것들이 모여 행복을 만드는 것 같다. 그러니까 내가 생각하는 행복이란 사소한 것 하나까지 다 포함하는 것이다.

맨 앞에 나오는 영민의 이야기엔 이런 말이 있다. "저마다 아픔과 고통을 안고 사는 것"이라는 말! 나도 사실 여기에 동의한다. 정말 공감이 간다. 많은 사람들이 저마다 아픔과 고통을 가지고 살아가며, 내가 인식하지 못하는 사이 주변 사람들에게도 아픔과 고통이 생겼을지 모르지 않는가? 거의 대부분의 사람들이 이렇게 살아가고 있기에 우리는 조금 더 조금 더 하면서 행복을 추구하는 게 아닐까?

나는 워낙 긍정적으로 살려고 노력해서 그런지 상처를 받아도 금방 잊어버린다. 아니, 빨리 지워버리려고 노력한다. 그래서 하루하루가 대부분 행복하다. '행복이라 무엇인가, 어떻게 살아야 행복한가?'처럼 아주 근본적인 질문을 나에게 던지지 못했던 이유도 여기 있는 것 같다. 그런데 이 글을 읽으면서 나도 이 같은 근본적인 물음들을 스스로에게 던지게 되었다. 그것만으로도 참 좋았고, 많은 도움이 되었다. 나와 비슷한, 아니면 나와는 다르게 아픔을 가지고 있는 사람들도 이 글을 읽고 많이 생각하면서 스스로를 치유해나갈 수 있으면 좋겠다.

— 김어진 학생의 글

22쪽

알프레드 아들러 *Alfred W. Adler, 1870~1937*

오스트리아의 정신분석학자이자 심리학자. 프로이트의 성욕 중심 학설에 반대하고, '개인 심리학'을 창시했다. 저서에 『개인 심리학의 이론과 연구』 등이 있다. 아들러가 개인 심리학에서 가장 중요시한 부분은 개개인의 생활양식과 열등감 문제이다. 그는 열등감이야말로 생활양식의 근본을 결정하는 것으로 보고, 인간은 '누구나, 어떤 측면에서' 열등감을 느낀다고 주장했다. 현재보다 나은 상태인 완전성을 실현하기 위해 노력하는 존재인 동시에 사회적 존재로서 다른 사람들과 비교하여 자신을 평가하기 때문이라는 것이다. 따라서 인간은 각자가 자기완성을 이루기 위해 자신이 느끼는 열등감을 극복해야 한다고 역설했다.

24쪽

장 폴 사르트르 *Jean-Paul Sartre, 1905~1980*

프랑스의 소설가이자 철학자. 잡지 《현대》를 주재하면서 문단과 논단에서 활약했고 무신론적 실존주의를 제창한 대표적인 실존주의 사상가이다. 문학자의 사회 참여를 주장하면서 공산주의에 접근했다. 작품으로 소설 『구토(嘔吐)』, 『자유에의 길』, 철학서 『존재와 무』 등이 있다. 1964년에 노벨 문학상 수상자로 결정되었으나 수상을 거부했다. "인생은 B(Birth)와 D(Death)사이의 C(Choice)이다"라는 유명한 말을 남겼다.

26쪽

마르틴 하이데거 *Martin Heidegger, 1889~1976*

독일의 철학자. 프라이부르크 대학의 교수·총장을 지냈으며, 키르케고
르의 영향을 받고, 후설의 현상학을 바탕으로 인간의 존재 현상에 관
한 실존주의적 존재론을 전개했다. 히틀러 집권 시기에 나치 독일을
공공연히 지지하는 발언을 자주 함으로써 한나 아렌트 등과 관계가
소원해지기도 했다. 저서에 『존재와 시간』, 『근거의 본질』 등이 있다.

왜 우리는 늘 바쁘지?_일과 놀이

53쪽

버트런드 러셀 *Bertrand Russell, 1872~1970*

영국의 철학자이자 수학자. 20세기를 대표하는 천재이자 지성인으로
여겨진다. 수리 철학, 기호 논리학을 집대성하여 분석 철학의 기초를
쌓았다. 평화주의자로 제1차 세계대전과 나치스에 반대하였으며, 원폭
금지 운동·베트남 전쟁 반대 운동에 앞장섰다. 1950년에 노벨 문학상
을 수상했다. 저서에 『정신의 분석』, 『의미와 진리의 탐구』, 『수학의 원
리』, 『철학의 문제들』 등이 있다. 그가 지은 『행복의 정복』은 특히 명
문이 많기로 유명한 작품인데, 철학자 러셀을 대표할 만한 저작은 아
니지만 『서양철학사』나 『철학의 문제들』보다 국내 독자들에게 더 많이
읽힌다.

57쪽

찰리 채플린 *Charlie Chaplin, 1889~1977*

영국 태생의 배우이자 감독으로 무성 영화 시기에 크게 활약했다. 자신이 창조한 매우 독특한 캐릭터라 할 수 있는 '리틀 트램프'를 통해 전 세계적 아이콘으로 떠올랐는데, 이 캐릭터는 영화의 역사상 가장 중요한 캐릭터로 인정된다. 독특한 분장과 인간에 대한 뛰어난 관찰력, 가난한 민중의 정의감과 비애감에 바탕을 둔 날카로운 사회 풍자로 명성을 얻었다. 작품에 「모던 타임스」, 「황금광 시대」, 「독재자」 등이 있다.

59쪽

요한 하위징아 *Johan Huizinga, 1872~1945*

네덜란드의 역사가. 문화사와 정신사(精神史)의 관련을 고찰했다. 일곱 살 무렵 흐로닝언에 들어온 카니발 행렬을 보고서 그 광경에 매료되어 평생을 의례·축제·놀이 연구에 주력했다. 대표작 『호모 루덴스』에 나타나듯 문학과 예술에 탁월한 안목과 조예를 가진 학자로 평가된다. 히틀러가 정권을 잡자 나치를 비판했다가 수용소에 감금되지만 1942년 석방되어 가족의 면허조차 금지된 데스테흐의 작은 시골집에서 1945년 2월 1일에 72세로 세상을 떠났다. 저서로 『하를렘의 기원들』, 『중세의 가을』, 『에라스뮈스와 종교 개혁의 시대』, 『호모 루덴스』, 『에라스무스』, 『문화사로의 길』, 『역사의 매력』 등이 있다.

78쪽

경험주의(경험론)

인식의 바탕이 경험에 있다고 보아 경험의 내용이 곧 인식의 내용이 된다는 이론으로 오직 인간의 이성에 의해서만 지식을 얻을 수 있다는 합리론과 대립되는 철학 사조다. 경험주의 철학자들은 인간의 경험을 외부 세계를 관찰하는 '외적 경험(감각적 경험)', 자신의 말이나 행동, 혹은 과거 경험에 대한 반성 같은 '내적 경험'으로 나눈다. 경험주의는 17세기 영국의 프란시스 베이컨의 사상에서 시작되어 후에 토마스 홉스를 거쳐 존 로크, 버클리와 데이비드 흄에게 계승된다(영국 경험론).

78쪽

데이비드 흄 *David Hume, 1711~1776*

영국의 철학자이자 역사가. 로크의 경험론적 인식론을 계승하여 철저한 경험론의 입장에서 종래의 형이상학을 적극 비판했다. 흄은 모든 인과적 지식은 개개인들의 과거 경험을 통한 습관과 신념에 의해 생긴다고 주장함으로써 보편적인 지식이 존재하지 않는다고 주장한다. 흄의 이러한 입장은 모든 지식을 주관적으로 보아 절대적인 지식을 부정하기 때문에 회의론에 빠지는 문제점을 낳았다. 흄 이후 경험론은 19세기 프랑스의 계몽사상과 유물론에 영향을 미쳤으며, 19세기 후반에는 과학적 방법을 철학에 적용시키는 실증주의로, 20세기 들어서는 논리 실증주의 형태로 이어졌다. 미국으로 건너가서는 실제 행동에 유용한 관념이 진리임을 주장하는 실용주의(프래그머티즘)라는 형태로 미국 철학의 주류를 이루었다. 저서로 『인간 오성론』, 『영국사』 등이 있다.

79쪽

제레미 벤담 *Jeremy Bentham, 1748~1832*

영국의 철학자이자 법학자. 인생의 목적은 최대 다수의 최대 행복의 실현에 있다고 하는 공리주의를 주장했다. 한편 그는 당시의 법률을 모두 비판하고, 평생토록 이치에 맞는 성문법을 만드는 운동을 벌였으며, 정치에서는 급진주의를 옹호했다. 공리주의 철학자인 존 스튜어트 밀, 공상적 사회주의의 시초로 평가되는 로버트 오언을 배출했다. 저서에 『도덕과 입법의 원리 입문』 등이 있다.

80쪽

빅토르 위고 *Victor Marie Hugo, 1802~1885*

프랑스의 시인이자 극작가이다. 낭만주의의 거장으로서 자유주의적이고 인도주의적인 경향을 풍부한 상상력과 장려한 문체와 운율의 형식을 빌려 나타내었다. 1862년에 걸작 『레 미제라블』을 완성했으며, 대표적인 작품으로 희곡 『에르나니』와 시 『동방 시집』, 소설 『노트르담의 꼽추』 등이 있다.

83쪽

이마누엘 칸트 *Immanuel Kant, 1724~1804*

독일의 철학자. 근대 계몽주의를 정점에 올려놓았을 뿐만 아니라 독일 관념철학의 기초를 다진 철학자이다. 경험주의와 합리주의를 통합하는 입장에서 인식의 성립 조건과 한계를 확정하고, 형이상학적 현실을 비판하여 비판 철학을 확립했다. 칸트 철학을 공부할 때 가장 많이 이야기되는 개념은 '코페르니쿠스적 전환(Kopernikanische Wendung)'과 '정언명령'이다. 그는 『순수이성비판』에서 인간의 이성이 지닌 한계를 지적하면서 인간 인식에 선험적 형식을 도입하는 이른바 '코페르니쿠스적 전환'을 시도했는데, 이는 인간이 대상을 있는 그대로 인식하는 것이 아니라 인간의 인식이 대상의 관념을 만들어낸다는 생각이다. 그는 또한 윤리학을 연구하면서 주관적인 감정이나 상황에 따라 '차이가 나는' 도덕이 아니라 모두가 인정할 수 있는 '보편적이고 객관적'인 도덕을 추구하였는데, 어떠한 상황에서라도 무조건 따라야만 하는 의무로서 '정언(定言) 명령'을 주장했다. 잘 알려진 것처럼 규칙적인 일상생활을 영위하면서 강의와 사유에 전념했던 칸트는 평생 독신으로 살며 커피와 담배를 즐겼다고 한다. 대표적인 저서로 『순수이성비판』, 『실천이성비판』, 『판단력 비판』이 있다.

92쪽

카를 구스타프 융 *Carl Gustav Jung, 1875~1961*

스위스의 정신 의학자이자 심리학자. 프로이트의 정신분석학에 영향을 받았지만 프로이트의 성욕 중심설을 비판하고 독자적으로 연구하여 분석심리학설을 수립했다. 융은 특정한 상태를 설명하기 위해 지금은 일상어가 되어버린 '콤플렉스'라는 단어를 사용하여 이에 관련된 학설의 기초를 마련했다. 또한 그는 인간의 내면에 무의식의 층이 있는데 이것이 각 개체로 하여금 통일된 전체를 실현하게 하는 자기원형이라고 주장했다. 분석심리학의 기초를 세웠다고 평가되며, 내향성과 외향성을 구별하는 유형을 분석했다. 개인의 무의식과 집단의 무의식적인 고태형(古態型)을 신화나 민화 속에서 찾기도 했다.

나는 지금 살아 있을까?_삶과 죽음

116쪽

에피쿠로스 *Epicouros, B.C.341~B.C.270*

고대 그리스의 철학자. 원자론에 기초를 둔 에피쿠로스학파를 창시했다. 에피쿠로스에게 철학의 목적은 행복하고 평온한 삶을 얻는 데 있었다. 그가 말하는 행복하고 평온한 삶은 평정(ataraxia), 평화, 공포로부터의 자유, 무통(無痛, aponia)의 특징이 있다. 그는 쾌락과 고통은 무엇이 좋고 악한지에 대한 척도가 되고, 죽음은 몸과 영혼의 종말이기 때문에 두려워하지 말아야 하며, 신은 인간에게 벌을 주거나 보상해주는 존재가 아니며, 우주는 무한·영원하고, 세상의 모든 현상들은 궁극적으로 빈 공간을 움직이는 원자들의 움직임과 상호작용으로부터 나온다고 가르쳤다. 300여 권의 저작을 남겼다고 하나 전해진 것은 극히 일부이다. 『자연에 대하여』가 그중 가장 유명하다.

116쪽

데모크리토스 *Democritos, ?B.C.460~?B.C.370*

고대 그리스의 철학자. 진실로 실재하는 것은 불생불멸(不生不滅)의 아토마(atoma)와 이것이 존재하는 장소로서의 공허뿐이라 하여, 원자설(原子說)에 입각한 유물론(唯物論)을 제창했다.

119쪽

퀴블러 로스 *Elizabeth Kubler Ross, 1926~2004*

인간의 죽음에 대한 연구에 일생을 바쳐 미국 시사 주간지 〈타임〉이 '20세기 100대 사상가' 중 한 명으로 선정한 정신과 의사. 쌍둥이로 태어난 그녀는 '진정한 나는 누구인가? 어디서 와서 어디로 가는 존재인가?'라는 질문을 평생 놓지 않았다. 제2차 세계대전이 끝나고 열아홉의 나이로 자원 봉사 활동에 나선 엘리자베스는 폴란드 마이데넥 유대인 수용소에서 인생을 바칠 소명을 발견한다. 그곳에서 죽음을 맞이해야 했던 사람들이 지옥 같은 수용소 벽에 수없이 그려놓은, 환생을 상징하는 나비들을 보고 삶과 죽음의 의미에 대해 새로이 눈을 뜨게 된 것이다. 이후 취리히 대학에서 정신의학을 공부한 그녀는 뉴욕, 시카고 등지의 병원에서 죽음을 앞둔 환자들의 정신과 진료와 상담을 맡아 죽음을 앞둔 환자들의 마음속 이야기를 들어주는 세미나를 여는가 하면 세계 최초로 호스피스 운동을 시작한다. 말기 환자 5

백여 명을 인터뷰하여 그들의 이야기를 담아낸『죽음과 죽어
감 *On Death and Dying*』은 전 세계 25개국 이상의 언어로 번역
될 만큼 큰 주목을 받았다.

127쪽

카를 야스퍼스 *Karl Jaspers, 1883~1969*

독일의 철학자. 실존 철학을 대표하는 사람으로서 정신 병리학의 연구
에도 업적을 남겼다. 칸트, 니체, 키에르케고르 등의 영향을 받았으며
현대 문명에 의해 잃어버린 인간 본래의 모습을 지향했다. 저서에『현
대의 정신적 상황』,『철학』,『이성과 실존』등이 있다.

127쪽

존 러스킨 *John Ruskin, 1819~1900*

영국의 미술 평론가·사회 사상가. 작가이자 화가로서 많은 작품을 남
겼다. 고딕 형식을 옹호하는「건축의 칠등(七燈)」을 발표하여 미술 평
론가로서 문명(文名)을 확립했다. 뛰어난 재능으로 당대 예술평단의 일
인자로 명성을 떨치던 중, 어두운 사회경제적 모순을 목도하고 불혹의
나이에 사회사상가로 변모를 꾀했다. 저서에『참깨와 백합』,『근대 화
가론』등이 있다.

142쪽

르네 데카르트 *René Descartes, 1596~1650*

프랑스의 수학자·철학자. 근대 철학의 아버지라 불린다. 해석 기하학의 창시자이기도 하다. 그는 모든 것을 회의한 다음, 이처럼 회의하고 있는 자기 존재는 명석하고 분명한 진리라고 보고, "나는 생각한다, 고로 나는 존재한다(Cogito, ergo sum)"라는 명제를 자신의 철학적 기초로 삼았다. 저서에 『방법서설』, 『성찰(省察)』, 『철학 원리』 등이 있다.

147쪽

루트비히 비트겐슈타인 *Ludwig Wittgenstein, 1889~1951*

오스트리아와 영국에서 활동한 철학자. 논리학, 수학 철학, 심리 철학, 언어 철학 분야에 큰 업적을 남겼다. 20세기의 가장 위대한 철학자로 손꼽힌다. 특히 논리 실증주의와 일상 언어 철학에 큰 영향을 끼쳤다. 그의 사상은 후에 인문학과 사회과학을 위시하여 다양한 예술 분야에도 전파되었다. 비트겐슈타인이라는 이름이 종종 천재를 가리키는 낱말로 쓰일 정도다. "언어의 의미는 사용에 있다", "말해질 수 있는 것은 명료하게 말해질 수 있다. 그리고 이야기할 수 없는 것에 관해서 우리는 침묵해야 한다"는 언명이 인구에 회자된다.

윌리엄 오컴 *William of Ockham, ?1285~?1349*

영국의 스콜라 철학자로 유명론(唯名論)의 입장에서 인식론을 전개한 사람이다. 그는 베이컨의 경험론을 더욱 철저하게 발전시켰으며 감각적인 직관적 인식만이 유일한 지식의 원천이라고 하여 보편성을 부정했다.

베르너 카를 하이젠베르크

Werner Karl Heisenberg, 1901~1976

독일의 물리학자. 원자 물리학을 연구하고 1925년에 매트릭스 역학을 창시하여 양자(量子)의 기초를 확립했으며, 불확정성 원리와 원자핵의 구조를 밝혔다. 1932년에 노벨 물리학상을 받았다.

카를 마르크스 *Karl Marx, 1818~1883*

독일의 경제학자·정치학자·철학자. 독일 관념론, 공상적 사회주의 및 고전 경제학을 비판하여 과학적 사회주의를 창시했다. 헤겔 좌파 사상의 영향을 받고 급진적인 부르주아 반정부 기관지 〈라인 신문〉의 주필로 있다가 신문이 폐간되자 파리로 망명하여 사적 유물론 사상을 확립하고 1848년에는 엥겔스와 함께 『공산당 선언』을 집필했다. 1849년 이후에는 런던에서 빈곤과 싸우며 경제학 연구에 전념하고 『자본론』저술에 몰두했다. 그의 기념비작 『자본론』은 역사의 유물 변증법적 해석으로 프롤레타리아의 역할을 인식하고 해방을 추구하여 계급투쟁 이론을 수립한 것으로 평가받는다. 국제 공산주의 조직인 '인터내셔널'을 만들었으며, 그 밖의 저서로『신성 가족』,『경제학 비판』,『프랑스의 내란』,『철학의 빈곤』,『경제학 비판』등이 있다.

159쪽

헤르베르트 마르쿠제 *Herbert Marcuse, 1898~1979*

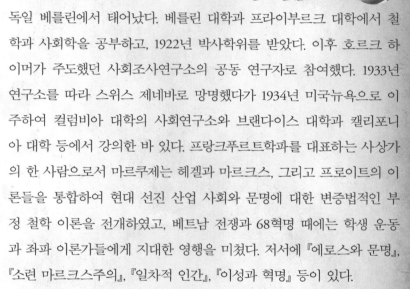

독일 베를린에서 태어났다. 베를린 대학과 프라이부르크 대학에서 철학과 사회학을 공부하고, 1922년 박사학위를 받았다. 이후 호르크 하이머가 주도했던 사회조사연구소의 공동 연구자로 참여했다. 1933년 연구소를 따라 스위스 제네바로 망명했다가 1934년 미국뉴욕으로 이주하여 컬럼비아 대학의 사회연구소와 브랜다이스 대학과 캘리포니아 대학 등에서 강의한 바 있다. 프랑크푸르트학파를 대표하는 사상가의 한 사람으로서 마르쿠제는 헤겔과 마르크스, 그리고 프로이트의 이론들을 통합하여 현대 선진 산업 사회와 문명에 대한 변증법적인 부정 철학 이론을 전개하였고, 베트남 전쟁과 68혁명 때에는 학생 운동과 좌파 이론가들에게 지대한 영행을 미쳤다. 저서에『에로스와 문명』,『소련 마르크스주의』,『일차적 인간』,『이성과 혁명』등이 있다.

178쪽

클로드 레비스트로스 *Claude Lévi-Strauss, 1908~2009*

벨기에 태생의 프랑스 인류학자. 남아메리카에서의 현지 조사를 마친 후 인간의 사회와 문화를 이해하는 방법으로서 구조주의를 개척하고 문화상대주의를 발전시킨 사람이다. 명저 『슬픈 열대』에서 그는 "문화는 나라마다 다르긴 해도 더 우월하거나, 열등하거나, 야만적인 문화는 없다"고 단언함으로써 서구중심주의와 인종주의 그리고 서구의 오만과 편견을 깨는 데 크게 기여했다. 원주민들이 과거 행하던 식인 풍습조차도―종교적 차원의 문화현상이므로― 함부로 매도할 수 없다고 했다. 그러면서 오히려 서구 근대문명의 대규모 학살과 전쟁으로 빚어진 야만성과 잔인성을 신랄하게 비난했다. 저서에 『친족의 기본 구조』, 『슬픈 열대(熱帶)』 등이 있다.

181쪽

폴 브로카 *Paul Broca, 1824~1880*

프랑스의 외과 의사이자 해부학자, 인류학자이다. 왼쪽 뇌의 특정 영역이 언어 기능을 담당하고 있는 것을 밝힌 사람으로 후세 사람들은 그 부위를 '브로카 영역'이라고 부른다. 1859년 세계 최초의 인류학학회인 파리 인류학회를 창설했고, 1876년 인류학학교인 에콜 드 앙트로폴로지를 설립하여 인류학 발전에 기여했다.

182쪽

샌드라 위틀슨 *Sandra Witelson*

캐나다 몬트리올에서 태어났다. 캐나다 맥매스터대 정신의학 및 행동 신경과학과 교수였을 당시 일반 남성들의 뇌와 아인슈타인의 뇌를 비교·연구한 결과를 발표하여 유명세를 탔다. 또한 남자의 경우, 정서의 위치가 주로 우뇌에 있고, 여자는 양뇌에 전반적으로 분포되어 있다는 것을 실험을 통해 밝혀냈다.

183쪽

소크라테스 *Socrates, ?B.C.470~B.C.399*

고대 그리스 철학자. 그는 당시 철학이 대상으로 삼았던 자연이 아니라 인간에 집중했다. '정신의 배려'를 사명으로 여겨 '덕'이 인간의 본성에 내재한다고 믿고, 사람들에게 이를 깨닫게 하기 위해 '대화'를 통해 자신의 무지함을 일깨웠다. 그는 가르치지 않고 질문하는 대화법을 통해 자신의 문제가 무엇인지 깨닫게 해주었는데, 이 때문에 젊은이들을 타락시키고 신을 인정하지 않는다는 오해를 받아 독배를 마시게 된다. 그의 사상은 제자 플라톤의 『대화편(對話篇)』에 전해진다.

183쪽

플라톤 *Platon, ?B.C.428~?B.C.347*

소크라테스의 제자이자 아리스토텔레스의 스승. 현대 대학의 원형이라고 할 수 있는 세계 최초의 고등교육기관인 아카데메이아(academia)를 아테네에 세운 장본인이다. 초월적인 이데아가 참실재(實在)라고 하는 사고방식을 전개했으며 철학자가 통치하는 이상 국가 사상으로 유명하다. 이성 우위의 전통을 가진 서양 철학에 큰 영향을 미친 인물로서 영국의 철학자 화이트헤드는 "서양의 2000년 철학은 모두 플라톤의 각주에 불과하다"라고 말했다. 저서에 『소크라테스의 변명』, 『향연』, 『국가』 등이 있다.

187쪽

시몬 드 보부아르 *Simone de Beauvoir, 1908~1986*

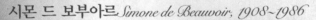

파리 고등사범학교를 졸업하고 소르본 대학에서 철학을 전공하여 1928년 철학교수 자격을 취득했다. 1945년 사르트르가 잡지 ≪현대≫를 창간하자 그 일에 협력하면서 실존주의 문학운동에 적극 참여하게 되었다. 독일에 대한 레지스탕스의 저항을 그린 『타인의 피』, 죽음과 개인의 문제를 취급한 『인간은 모두 죽는다』, 콩쿠르 상을 수상한 『레 망다랭』 등은 한결같이 실존주의적 인간상을 표현한 작품들이다. 그 외에 평론·기행문 등을 꾸준히 발표하여 프랑스에서 가장 뛰어난 문학가 중 한 사람이 되었는데 1949년에 발표한 『제2의 성』은 역사적·철학적·사회적·생리적 분석을 통해 여성문제를 고찰한 작품으로서 여성해방문학의 고전으로 간주된다. 실존주의 철학자 사르트르와 계약 결혼생활을 하여 세기의 커플로 주목받기도 했다. 주요 저서로 『얌전한 처녀의 회상』, 『나이의 힘』, 『사물의 힘』, 『결국』 등 자서전과 소설 『초대받은 여자』, 『제2의 성』, 『레 망다랭』, 『대장정:중국에 관한 에세이』, 『인간은 모두 죽는다』, 『실존주의와 국가의 지혜』, 『거물들』, 『노년』 등이 있다.

187쪽

장 자크 루소 *Jean-Jacques Rousseau, 1712~1778*

스위스 제네바에서 태어난 프랑스의 사회계약론자이자 직접민주주의
자, 공화주의자, 계몽주의 철학자. 이성보다는 감성을 중요시하는 낭
만주의의 기초를 마련하였으며 인위적인 문명사회의 타락을 비판하고
자연으로 돌아갈 것을 역설하였다. 일찌감치 어머니를 여의고 친척집
을 전전하다가 16세에 모험가의 삶을 꿈꾸며 제네바를 떠났다. 강력한
후원자인 바랑 남작부인을 만나 사교계와 학계 사람들과 교류하기 시
작하면서 철학과 문학, 음악을 독학으로 공부했다. 백과전서파인 디드
로를 비롯해 개혁적인 철학자들과 사상적 교류를 나누기도 했다. 루
소는 "인간은 본래 선하지만 사회와 문명 때문에 타락해간다"고 주장
하면서 『인간불평등기원론』, 『사회계약론』을 집필하여 사상체계를 굳
건히 다졌다. 「정치경제론」, 「언어기원론」 등을 발표하면서부터 당대의
지식인들과 분명한 견해 차이를 보인 루소는 1762년에 출간된 『에밀』
이 소르본 대학 신학부의 고발로 유죄선고를 받게 되자 프랑스를 떠
났고, 스위스와 영국 등지에서 자신을 옹호하는 글 「고백록」과 「루소
는 장 자크를 심판한다」를 발표했다.

189쪽

지그문트 프로이트 *Sigmund Freud, 1856~1939*

오스트리아의 심리학자·신경과 의사. 정신의학, 사회심리학, 문화인류
학, 교육학, 범죄학 등의 여러 분야에 많은 영향을 끼친 정신분석의 창
시자다. 잠재의식을 바탕으로 한 심층 심리학 수립, 무의식과 억압의

방어기제에 대한 이론 정립, 환자와 정신분석자의 대화를 통하여 정신 병리를 치료하는 정신분석학적 임상치료방식 창안 등을 비롯하여 성욕을 인간 생활에서 주요한 동기 부여의 에너지로 정의하는 등 다양한 연구 활동과 그 결과물이 오늘날까지 인문 과학과 일부 사회 과학에 영향을 미치고 있다. 이후 신(新)프로이트주의에서 프로이트의 많은 이론을 버리거나 수정하였고, 20세기 말 심리학 분야가 발전하면서 프로이트 이론의 여러 가지 결함도 드러났지만 그의 방법과 관념은 임상정신학의 역사에서 여전히 중요한 위치를 차지하고 있다. 주요 저서로 『꿈의 해석』, 『정신분석입문』, 『자아와 이드』, 『쾌락의 원리를 넘어서』, 『문화에서의 불안』 등이 있다.

190쪽
오이디푸스 콤플렉스
프로이트가 제시한 개념으로 남근기에 생기기 시작하는 무의식적인 갈등을 의미한다. 프로이트 정신분석학에서는 남녀 모두에게 적용되었는데 그의 제자 칼 융은 이에 대해 여아의 경우 '일렉트라 콤플렉스'를 제시했다. 주로 정신 발달의 중요한 전환점이자 신경증의 발병 단계로 주목 받았다. 모티브는 잘 알려진 그리스 신화이다. 테베의 왕 라이오스와 이오카스테의 아들 오이디푸스가 부왕(父王)을 죽이고 생모(生母)와 결혼하게 되리라는 아폴론의 신탁(神託) 때문에 버려졌으나 결국 신탁대로 되자 스스로 두 눈을 빼고 방랑했다는 이야기다. 오이디푸스 이야기는 프로이트의 심리학뿐 아니라 서양 문화사에서 다양한 매체에 활용되는 소재이다.

초자아

프로이트는 인간의 성격 구조를 원초아(id), 자아(ego), 초자아(super ego)에 의해 작동 된다고 주장했다. 원초아(id)는 생물학적 구성요소로서 심리적 에너지의 원천이자 본능이 자리 잡고 있는 곳으로 본능적 욕구를 충족시키고자 맹목적으로 작용하며, 사고 능력은 없으나 주로 다른 욕망을 충족하기 위해 무의식적으로 움직인다고 보았다. 또한 자아(ego)는 심리적 구성요소로서 본능과 외부를 중재(통제)하는 역할을 하고, 현실의 원칙에 따라 현실적이고 논리적인 사고를 하며, 주관적 욕구와 외부 환경을 구별하는 현실 검증의 능력이 있다고 보았다. 초자아(super ego)는 사회적 구성 요소로 기능하는데 쾌락보다 완전을 추구하고 현실보다 이상적인 것을 추구하며, 원초아의 충동을 억제하고 자아의 현실적 목표를 도덕적이고 이상적인 것이 되도록 유도한다고 보았다.

낸시 줄리아 초도로우 *Nancy Julia Chodorow, 1944~*

정신분석가이자 캘리포니아 대학교 사회학 교수이다.

213쪽

아리스토텔레스 *Aristoteles, B.C.384~B.C.322*

소요학파의 창시자이자 고대의 학문적 체계를 세운 그리스 철학자. 플라톤의 제자이며, 알렉산더 대왕의 스승이다. 물리학, 형이상학, 시, 생물학, 동물학, 논리학, 수사학, 정치, 윤리학, 도덕 등 다양한 주제로 책을 저술했다. 소크라테스, 플라톤과 함께 고대 그리스의 가장 영향력 있는 학자였으며, 그리스 철학이 현재의 서양 철학의 근본을 이루는 데에 이바지했다. 특히, 중세의 스콜라 철학을 비롯하여 후세의 다양한 학문 영역에 큰 영향을 주었다. 저서로 『형이상학』, 『오르가논』, 『자연학』, 『시학』, 『정치학』 등이 있다.

216쪽

쾌락주의(快樂主義)와 금욕주의(禁慾主義)

쾌락주의는 쾌락을 가장 가치 있는 인생의 목적이라 생각하고 모든 행위의 궁극적인 목적 내지 도덕의 원리로 생각하는 사상이다. 행복주의의 하나이며, 고대 그리스의 에피쿠로스에서 시작되었다. 반면 금욕주의는 정신적·육체적 욕망이나 욕구 및 세속적 명예나 이익을 탐하는 모든 욕심을 억제하여 종교나 도덕에서 이상을 성취하려는 사상이다. 불교나 기독교에서 이 사상을 볼 수 있다.

218쪽

스토아학파

스토아(stoa)란 원래 전방(前方)을 기둥으로, 후방(後方)을 벽으로 둘러 싼 고대 그리스 도시의 공공건축을 의미한다. 이 학파의 창시자 제논 이 아테네의 한 '주랑(柱廊, 스토아)'에서 강의한 데서 연유했다. 윤리학 을 중요하게 다루었고 유기적 유물론 또는 범신론의 입장에서 금욕과 극기를 통하여 자연에 순종하는 현인(賢人)의 생활을 이상으로 내세 웠다. 후에 로마의 철학자 세네카 등이 이를 완성했다.

219쪽

마르쿠스 아우렐리우스 *Marcus Aurelius, 121~180*

로마제국의 제16대 황제다. '철인황제(哲人皇帝)'로 불리며, 5현제 중 한 사람으로 꼽는다. 중국의 역사서 『후한서』에 기술된 '대진국왕(大秦國王) 안돈(安敦)'이 바로 마르쿠스 아우렐리우스라고 한다. 그의 죽음을 끝으로 로마제국의 전성기는 끝이 나고, 군인 황제 시대가 도래한다. 그는 정신적 스승이었던 에픽테토스, 세네카와 함께 스토아학파를 대 표하는 철학자로서 금욕과 절제를 주장했고, 수많은 명언을 남길 정 도로 공부를 많이 했다. 자신의 사색과 철학에 관한 내용을 토대로 쓴 『명상록』은 로마 스토아 철학의 대표작으로 일컬어진다.

220쪽

움베르토 마투라나 *Humberto Maturana, 1928~*

칠레의 인지생물학자이자 철학자다. 제자이자 동료인 프란시스코 바렐라와 함께 자기생산(autopoiesis) 개념을 창안했다. 현재 칠레 대학의 '인식 생물학' 센터에서 신경과학 분야의 연구를 진행 중이다. 생물학적 연구 프로그램 속에서 자신의 이론을 정교화하는 데 평생을 바치고 있다. 그는 여전히 "실재가 '객관적으로' 존재하는 것으로 보이지만 그것이 하나의 감각적인 공통의 구성물"이라는 테제를 입증하기 위해 연구에 힘을 쏟고 있다. 대표적 저서로 프란시스코 바렐라와 공동 집필한 『앎의 나무』, 『자기생성과 인지』, 『인식:실재의 조직과 구현』, 그리고 대담집 『있음에서 함으로』 등이 있다.

226쪽

빅토르 프랑클 *Viktor Emile Fankl, 1905~1997*

빈 의과대학의 신경정신과 교수로 미국 인터내셔널 대학에서 '로고테라피(Logo therapy)'를 가르쳤다. 프로이트의 정신분석과 아들러의 개인심리학에 이은 정신요법 제3학파(프로이트의 정신분석과 아들러의 개인심리학 다음으로)라 불리는 로고테라피 학파를 창시한 사람이다. 1905년 오스트리아의 빈에서 태어난 그는 제2차 세계대전 당시 유태인이라는 이유로 3년 동안 다카우와 아우슈비츠에서 보냈다. 이때의 경험을 『강제수용소를 체험한 한 심리학자』라는 책으로 출판하였다(1946년). 강제수용소 경험을 바탕으로 인간을 자유와 책임 있는 존재로 파악한 독자적인 실존분석을 세우고, 그 치료이론으로서 의미치료라 불리는 로고테라피를 주창했다. 주요 저서로 『죽음의 수용소에서』, 『*Psychotherapy and Existentialism*』, 『*The Unconscious of God*』 등이 있다.

이미지 출처

알 수 없어요! _ 사랑과 실존
*17, 27, 29, 32쪽
http://movie.naver.com/movie/bi/mi/basic.nhn?code=88426
*20, 23, 25쪽
www.wikimedia.org

왜 우리는 늘 바쁘지? _ 일과 놀이
*43, 44, 45, 48, 53쪽
www.wikimedia.org
*55, 65쪽
http://movie.daum.net/moviedetail/moviedetailMain.do?movieId=32013&t__nil_upper_mini=title
*58, 59, 60쪽
www.wikimedia.org

착한데 싫어, 나쁜데 좋아. 어쩌지? _ 선과 악
*75, 77, 87, 92쪽
http://movie.naver.com/movie/bi/mi/basic.nhn?code=62586
*78, 79, 81, 83, 90(좌),
www.wikimedia.org

나는 지금 살아 있을까? _ 삶과 죽음
*105, 106쪽
http://www.cine21.com/movie/info/movie_id/7114
*117, 124, 126, 127쪽
www.wikimedia.org

우리가 사는 세상이 매트릭스 아닐까? _ 가상과 현실
*140, 152, 153, 158,

http://movie.naver.com/movie/bi/mi/basic.nhn?code=62586

*143, 148, 157, 159,

www.wikimedia.org

우리는 서로를 얼마나 잘 알고 있을까? _ 남과 여

*175쪽

http://www.amazon.com

*178, 181, 182, 183, 187, 188, 191, 195, 199쪽

www.wikimedia.org

행복하게 살고 싶은데 왜 자꾸만 불행한 일이 생길까? _ 행복과 불행

*207, 210, 212쪽

http://movie.naver.com/movie/bi/mi/basic.nhn?code=22126

*214, 217, 219, 227쪽

www.wikimedia.org

철학쌤의 서랍

*234~254쪽

www.wikimedia.org